KB215966

예수께서 전파하신

천국의 비밀

예수께서 전파하신

천국의 비밀

Copyright ⓒ 새세대 2019

초판 발행 ︱ 2019년 3월 30일

지은이 ︱ 곽요셉
펴낸곳 ︱ 도서출판 새세대
발행인 ︱ 곽요셉
이메일 ︱ churchgrowth@hanmail.net
홈페이지 ︱ newgen.or.kr
출판등록 ︱ 2009년 12월 18일 제20009-000055호
주소 ︱ 경기도 성남시 분당구 정자동 210-1
전화 ︱ 031)761-0338 팩스 031)761-1340

이 출판물은 저작권법에 의해 보호를 받는 저작물이므로 무단
전재와 무단 복제를 할 수 없습니다.

ISBN 979-11-88604-05-0 (03230)

잘못된 책은 구입처에서 교환해 드립니다.
책값은 뒤표지에 있습니다.

예수께서 전파하신

천국의 비밀

곽요셉
지음

도서
출판 **새세대**

서문

　예수님께서 전하신 복음이 천국 복음이기 때문에 그리스도인
인지 아닌지를 분별하는 기준은 천국을 제대로 알고 온전히 믿느
냐에 달려 있습니다. 그래서 천국, 즉 하나님 나라를 모르면 신
앙생활도 바로 할 수가 없습니다. 하나님을 믿지 않는, 소망 없
는 사람들처럼 걱정과 근심, 절망 속에서 살아가게 되기 때문입
니다. 오직 하나님 나라의 복음을 믿음으로 거듭난 복음의 사람
이 될 때 천국 백성의 삶을 누릴 수 있습니다.

　그런데 이 하나님 나라의 복음은 인간의 지혜와 지식, 열심과
능력으로는 절대 알 수 없습니다. 오늘날의 놀라운 과학기술과
정보통신기술로도 알 수 없습니다. 하나님 나라의 복음은 오직

성령의 능력으로만 깨달아지고 고백되며 일상의 삶에서 나타납니다. 그래서 예수님은 천국의 비밀을 아는 것이 모두에게 허락되지 않았음을 밝히시며 하나님의 주권적 역사 가운데 천국이 있음을 말씀해주셨습니다.

이제 우리의 완악한 마음을 깨끗하게 해야 합니다. 회개와 사유의 은총 없이는 절대로 천국 비밀을 들어도 깨닫지 못하기 때문입니다. 마음에 온통 세상이 가득 차 있어도 마찬가지입니다. 인간이 가진 잘못된 지식과 편견으로 말미암아 천국의 비밀을 알 수가 없습니다. 하나님의 부르심을 입은 택함 받은 자녀, 성령의 역사로 거듭난 그리스도인이 십자가의 복음을 믿을 때 천국 비밀은 드러납니다. 그리고 일상에서 천국 백성으로 살게 됩니다.

그리스도인은 주님의 마음을 본받아 천국의 관점으로 오늘을 살아야 합니다. 매일매일 천국 안에 있는 사람인지를 물으며, 천국 복음을 전하고, 천국의 영광을 나타내는 삶을 살아야 합니다. 이것이 하나님께 영광 돌리는 삶입니다. 천국을 막연하게 믿는 삶이어서는 안 됩니다. 그것만으로는 하나님 나라의 유익도, 참된 안식도 누리지 못합니다. 순간순간 하나님과 동행하며 순종함이 없이는 하나님 나라의 기쁨도 기대할 수 없습니다.

앞서 출간한 『예수께서 전파하신 하나님의 나라』에 이어 이 책도 오직 하나님 나라의 복음에 초점을 맞추었습니다. 오늘날 천국에 대한 목회자의 설교를 듣기가 어려워졌을 뿐만 아니라, 성도의 관심은 천국이 아닌 이 세상이 되었습니다. 예수 그리스도의 복음 안에서 참된 안식을 누리기보다 세상에서의 성공과 부요함을 더 소중히 여기는 시대입니다.

이러한 안타까운 현실을 안고 성경을 묵상하면서, 하나님의 나라, 천국 복음을 전하게 되었습니다. 매일 한 편씩, 하나님 나라에 대한 말씀을 묵상하고 이 설교문을 읽으시는 중에 성령의 역사와 함께 천국의 비밀을 발견하시기 바랍니다. 천국 복음의 비밀을 밝히 아는 오늘의 복된 삶이 여러분과 함께하기를 소망합니다.

01

천국의 비밀

제자들이 예수께 나아와 이르되 어찌하여 그들에게 비유로 말씀하시나이까 대답하여 이르시되 천국의 비밀을 아는 것이 너희에게는 허락되었으나 그들에게는 아니되었나니 무릇 있는 자는 받아 넉넉하게 되되 없는 자는 그 있는 것도 빼앗기리라 그러므로 내가 그들에게 비유로 말하는 것은 그들이 보아도 보지 못하며 들어도 듣지 못하며 깨닫지 못함이니라 이사야의 예언이 그들에게 이루어졌으니 일렀으되 너희가 듣기는 들어도 깨닫지 못할 것이요 보기는 보아도 알지 못하리라 이 백성들의 마음이 완악하여져서 그 귀는 듣기에 둔하고 눈은 감았으니 이는 눈으로 보고 귀로 듣고 마음으로 깨달아 돌이켜 내게 고침을 받을까 두려워함이라 하였느니라 그러나 너희 눈은 봄으로, 너희 귀는 들음으로 복이 있도다 내가 진실로 너희에게 이르노니 많은 선지자와 의인이 너희가 보는 것들을 보고자 하여도 보지 못하였고 너희가 듣는 것들을 듣고자 하여도 듣지 못하였느니라   — 마태복음 13:10-17

천국의 비밀

한 조각가가 마당에 커다란 대리석 덩어리를 놓고 망치와 정으로 열심히 작업을 하고 있었습니다. 그때 지나가던 한 아이가 이 모습이 신기해서 한참을 쳐다보았습니다. 그러나 이 아이는 여기저기 떨어져 있는 크고 작은 돌조각들을 보면서도 조각가가 지금 무엇을 조각하고 있는지 전혀 알 수가 없었습니다.

그런데 몇 주 후에 아이가 다시 그곳을 지나가면서 보니 놀랍게도 전에 대리석이 있던 자리에 크고 힘센 사자 조각이 놓여 있는 것입니다. 아이는 몹시 흥분해 조각가에게 달려가 물었습니다. "선생님, 말씀해주세요. 이 대리석 속에 사자가 있다는 걸 어떻게 아셨나요?" 이 질문에 조각가는 이렇게 대답합니다. "내가 대리석 속에 사자가 있다는 걸 안 것은 대리석 속의 사자보다 먼저 내 마음속에서 사자를 보았기 때문이란다. 그러니까 내 마음속의 사자가 대리석 속의 사자를 알아본 것이 곧 그 비결이지."

성도 여러분, 내 마음속의 무엇을 보며, 무엇을 생각하며 오늘을 살아가십니까?

그리스도인의 마음에 가장 값진 보물

그리스도인임을 분별하는 기준은 하나님을 믿느냐 안 믿느냐를 넘어서, 천국을 믿느냐 믿지 않느냐에 달려 있습니다. 이것은 절대기준입니다. 예수님께서 전하신 복음이 천국 복음이기 때문입니다. 예수님은 이 땅에 오셔서 하나님 나라를 선포하셨습니다. 그 복음은 세상을 개혁하고 개선한 것이 아니요, 인간의 소원을 들어주고 그 뜻을 이루는 것도 아닌 완전히 새로운 창조를 말합니다. 하나님 나라가 임하였고, 그 하나님 나라의 역사 속에 주의 복음을 믿는 자가 새로운 피조물이 됩니다. 그래서 예수님께서 마태복음 6장 21절에서 말씀하십니다. "네 보물이 있는 그곳에는 네 마음도 있느니라."

그럴 것 아닙니까? 인간은 자신이 가장 값진 보물이라고 생각하는 것을 마음에 품고 살아가기 마련입니다. 그러므로 구원받은 그리스도인은 복음만을 가장 값진 보물로 여깁니다.

이제 생각해보십시오. '내 마음속에 그 보물, 복음이 있습니까?', '내 마음속에 복음인 천국이 있어서 내가 그걸 보고 생각하며 오늘을 살아갑니까?' 이것이 중요합니다. 만일 그렇다면, 그 사람은 이미 삶에서 전인격적인 변화가 시작되었을 것입니다. 가치관이 변화되고, 인생관이 변화되었습니다. 소망이 변화되었고, 인생의 의미와 목적이 변화되었습니다. 또한 인생의 기쁨과 만족과 행복이 변화되었습니다. 즉 모든 것이 변화되기 시작합니다.

저명한 목회자인 빌리 그레이엄(Billy Graham) 목사님은 『새로운 도전』(Nearing home)이라는 저서에서 천국에 관하여 체험적으로 다섯 가지 진리를 아주 간략하게 말합니다.

첫째, '천국은 영광스럽다.' 영광스러운 것이 당연합니다. 하나님의 영광이 있는 곳이기 때문입니다. 둘째, '천국은 완벽하다.' 천국은 죄와 사망이 없는 곳이기 때문입니다. 셋째, '천국은 기쁜 곳이다.' 천국은 예수님이 계신 곳입니다. 그러니 얼마나 기쁜 곳입니까! 넷째, '천국은 지루한 곳이 아니다.' 천국은 하나님의 역사가 강력하게 나타나는 곳이기 때문입니다. 다섯째, '천국은 확실히 있는 곳이다.' 성경 말씀 그대로, 예수님 말씀 그대로 실제 있는 그곳이 천국입니다.

성도 여러분, 이 천국을 마음속에서 보고 기뻐하며 오늘을 살아가십니까?

천국, 하나님의 주권적 역사

본문에서 예수님은 천국의 본질에 관한 매우 중요한 말씀을 우리에게 전해주십니다. "천국의 비밀을 아는 것이 너희에게는 허락되었으나 그들에게는 아니 되었나니"(11절). 얼마나 놀랍고 신비한 말씀입니까? 누군가에게는 허락되고, 누군가에게는 허락되지 않았다고 말씀합니다. 즉 하나님의 주권적 역사가 곧 천국임을 우리에게 가르쳐주는 말씀입니다.

'비밀'은 'secret'입니다. 비밀이란 숨겨졌고 그래서 알려져서는 안 되는 것을 말합니다. 그런데 이 비밀이 너희에게는 알려졌고, 그들에게는 알려지지 않았다는 것입니다. 오늘 이 세상 속에서는 그렇다는 것입니다. 다시 말해서 하나님의 부르심을 입은, 택함받은 자녀에게는 천국 비밀이 드러나 알려지게 되어 있습니다. 하지만 그렇지 않은 자에게는 아무리 가르쳐준들 믿지도 않고, 깨닫지도 못합니다. 천국 비밀이란, 천국 시민권을 가진 구원받은 하나님의 자녀에게는 너무나도 값지고 귀한 하나님의 말씀으로 깨달아지고 믿어지며 고백됩니다. 그러나 그렇지 않은 사람들은 아무리 알고 싶어도, 공부하고 싶고 열심을 내도 알 수 없는 것임을 우리에게 말씀해주고 계십니다.

천국의 비밀은 인간의 지혜와 지식과 열심, 능력으로는 절대로 알 수가 없습니다. 이 비밀은 오직 성령의 능력으로만 깨달아지고 고백되며, 기뻐할 수 있고 또 확증할 수 있습니다. 이 진리를 오늘의 삶 속에서 실험해보면, 천국의 실제와 그 비밀을 전할 때 불신자들은 듣지를 않습니다. 아무리 지식이 있어도 하나님의 부르심이 없다면 관심을 갖지 않습니다. 더 나아가 무시하고, 때로는 분노합니다. 이것은 아무리 잘 가르쳐줘도 깨달을 수 있는 내용이 아닙니다. 그러나 누군가는 쉽게 관심을 갖고 질문하며 알아갑니다. 이것이 하나님의 주권적 역사입니다. 누군가에게는 알려졌고, 누군가에게는 감춰져 있는 것이 바로 천국의 비밀입니다.

이런 재미있는 이야기가 있습니다. 한 꼬마가 동네 친구들을 모아놓고 이렇게 말했습니다. "어른들은 모두가 다 비밀을 하나씩은 가지고 있어. 그러니까 이걸 잘 사용하면 용돈을 벌 수 있지." 한 아이가 집에 가서 이걸 시험해보았습니다. 엄마에게 먼저 말합니다. "엄마! 나 엄마의 비밀을 알고 있어요." 엄마가 깜짝 놀라 만원을 꺼내주면서 이릅니다. "얘야, 아빠에게는 얘기하지 마라." 아이가 이 맛을 보았습니다. 아빠가 돌아오니까 똑같이 말했습니다. "아빠! 아빠의 비밀을 내가 하나 알고 있어요." 아빠도 깜짝 놀라면서 2만 원을 주며 이릅니다. "너, 엄마에게 절대 말하지 마." 그랬더니 이 아이가 신이 났습니다.

그 다음날 아침에 집배원이 왔는데, 똑같이 말했습니다. "아저씨, 내가 아저씨 비밀을 알고 있어요." 그랬더니 그 아저씨가 "아, 때가 왔구나!"하고 눈물을 글썽이며 이렇게 말하더랍니다. "그래, 아들아. 내게로 와라."

세상에는 비밀이 많습니다. 우리 각자가 다 비밀이 있습니다. 그런데 이 비밀들은 언젠가는 다 밝혀집니다. 인간사의 비밀, 종교적인 비밀, 사회 속의 비밀, 과학적 비밀, 자연 속의 비밀. 이렇게 수많은 비밀이 세상에 있지만, 결국은 인간의 힘과 지혜와 능력으로 다 드러나게 되어 있습니다. 언젠가는 다 밝혀질 것입니다.

그러나 예수님의 말씀대로 천국 비밀은 아닙니다. 천국 비밀은 인간의 지혜와 능력으로 알 수가 없습니다. 절대 알 수가 없습니다. 이것은 참으로 신비롭습니다. 오늘 우리는 천국을 체험합니다. 그러나 성령으로 거듭나지 않으면 들어도 무관심하게 되고, 지식이 있어도 깨닫지를 못합니다. 외우고 있어도 이것이 무슨 말인지 모를뿐더러, 삶의 능력도 되지 않습니다.

천국 비밀의 신비

당시 이 말씀을 들은 종교지도자들은 성경을 잘 알았습니다. 그들은 말씀을 연구하고 가르치며 예수님이 전하신 다른 가르침은 다 알아들었습니다. 하지만 천국 비밀만은 들어도 깨닫지를 못했습니다. 그 탁월한 지식인들이 끝까지 천국을 알지 못하고 결국 예수님을 죽입니다. 오늘도 똑같은 하나님 나라의 역사가 세상 속에 있습니다. 심지어 예수님의 제자들은 3년 동안 예수님께 천국 비밀을 들었으며 천국 진리를 배웠는데도 이게 알쏭달쏭한가 봅니다. 십자가와 부활도 체험하고 알았던 그들입니다. 그런데 문제는 천국입니다. 예수님께서 승천하실 때 제자들의 마지막 질문이 이것입니다. "이스라엘의 회복이 이때이니까" 다시 말해서 '예수님께서 승천하시니 천국이 지금 이스라엘에 나타나는 것입니까?'를 묻습니다. 이렇듯 그들은 끝까지 이해를 못 했습니다. 그런데 성령이 임하시고 나서부터 환히 알아갑니다. 성경은 그렇게 기록하고 있습니다.

예수님은 천국 비밀에 관해서만은 항상 비유로 말씀하셨습니다. 여러 곳에서 말씀하십니다. 그래서 제자들이 물었습니다. '왜 비유로 말씀하십니까?' 예수님이 답해주십니다. '부름받은 자에게는 천국 비밀이 드러나야 하고 알려져야 한다. 하지만 같이 들

어도 부름받지 못한 불신자에게는 알려지지 않아야 하고 끝까지 숨겨져야 한다. 이것이 하나님의 뜻이다.'

이 얼마나 신비롭습니까! 우리는 더러 이런 생각을 해봅니다. '아, 그래도 예수님께서 좀 직설적으로 천국에 대해 말씀해주시지!' 그런데 만일 진짜로 그러시면 어떻게 될 것 같습니까? 예수님은 아무런 활동도 못 하시고 아마 십자가를 지시기 전에 일찌감치 암살당하셨을 것입니다.

마태복음 16장에서 예수님은 십자가의 비밀을 말씀하십니다. '십자가를 지러 가노라' 하시며 십자가를 통해서 천국 진리와 천국의 비밀을 말씀하셨습니다. 그러자 베드로가 '절대 그렇게 하시면 안 됩니다' 하고 막아버립니다. 요한복음 6장에서도 나타납니다. 예수님은 오병이어의 이적을 나타내셨습니다. 그러자 수많은 사람들이 예수님을 찾아 왕으로 모시려고 밤새도록 따라왔습니다. 그때 예수님은 길게 영생의 비밀을 말씀하셨습니다. 천국 비밀을 잘 설명해주셨습니다. 그러나 그 결과가 무엇인지 성경이 말씀합니다. "다 떠나더라." 이적을 행할 때는 막 좇아오더니, 천국 비밀을 직접 말씀해주시니 '어렵도다!' 하고 다 떠나버렸습니다.

더욱이 예수님께서 천국 비밀을 말씀하실 때, 당시 종교지도자들인 바리새인과 서기관들이 예수님을 돌로 쳐 죽이려고 했습니다. 그런 사건이 자주 있었습니다. 만일 예수님이 천국을 직접 말씀하셨으면, 십자가를 지시기 전에 이미 죽임당할 수도 있었습니다. 그래서 예수님은 비유로 천국 복음을 말씀하십니다. 이 천국 복음은 그대로가 구원이요, 그대로가 심판입니다. 천국이 있으면 지옥도 있고, 천국이 없다면 지옥도 없습니다. 여러분이 이제 세상에 나가서 천국에 관해 주변에 얘기해보십시오. 처음에는 잘 듣다가 믿지 못하면 화내기 시작합니다. '나 지옥 가는 거야?' 이러면서 분노합니다. 여기서 더 이야기하면 죽이려고 들지 모릅니다.

천국 진리를 깨닫는 사람들

그러면 인간은 왜 높은 지식과 많은 사상을 갖고 있으면서도 천국 진리를 깨달을 수 없는 것입니까? 세상은 놀라운 과학기술 정보의 시대를 맞이하면서도 왜 천국의 지식을 스스로 깨달을 수 없는 것입니까? 그 장애물이 무엇입니까? 그 원인을 알아야 회개하며 살아갈 수 있습니다.

먼저는 하나님의 주권적 역사 때문입니다. 오늘 말씀하신 것처럼 천국의 비밀은 누군가에게는 알려졌고 누군가에게는 감춰졌습니다. 그래서 부르심을 받지 않은 자들은 아무리 예수님께서 천국 비밀을 직접 말씀하셔도, 성경을 통해 그 비밀을 들어도 귀를 닫습니다. 아무리 지식이 많아도 깨달을 수 없습니다. 아마도 세상 사람들은 하나님이 불공평하시다고 할 것입니다. 그러나 하나님을 떠난 것은 인간 자신입니다. 성경은 하나님이 인간을 떠나신 것이 아니라는 것을 말씀합니다. 인간이 하나님을 경외하지 않았고 불순종하며 떠났습니다. 그 죗값을 치러야 하기에 하나님의 진노와 심판이 나타나는 것이 공평입니다. 죄인들 속에서 하나님이 누군가를 부르시는 것은 은혜입니다. 그러므로 이것은 공평의 문제가 아니라, 은혜의 문제입니다.

또한 스스로 천국 비밀을 알 수 없는 것은 본문 말씀대로 마음이 완악해져서 그렇습니다. 이사야의 예언처럼 마음이 완악해졌습니다. 다시 말하면, 마음이 타락했습니다. 전적으로 타락했습니다. 이성과 감성과 의지가 타락했습니다. 세상 지식은 잘 깨달을지 모르지만, 이 단순명료한 하나님의 말씀인 천국 진리는 들어도 깨닫지 못합니다. 회개 없이는, 사유의 은총 없이는 절대로 천국 비밀을 들어도 깨닫지 못합니다. 그 결과 자신만의 행복과 성공을 추구하며 자기 고집대로 살아갑니다. 이것이 악입니다. 그리고 온통 마음에 세상이 가득 차 있습니다. 세상에서의 성공, 칭찬, 부, 명예, 건강, 권력으로 가득 차 있어서 하나님의 말씀을 듣지 못합니다. 하나님의 말씀이 들어갈 자리가 없습니다. 그래서 아무리 친절하게, 아무리 자세하게 말씀해주어도 천국 비밀이 들리지 않습니다. 이것이 오늘의 현실입니다.

무엇보다도 그 사람이 가진 잘못된 지식과 편견으로 말미암아 천국의 비밀을 알 수가 없습니다. 오늘날 흔히 신문방송에서 경험합니다. 자기 안에 있는 편견 때문에 다른 사람이 아무리 진실을 말해도 믿지를 않습니다. 아무리 증거를 대도 믿지 않습니다. 예수님 당시의 바리새인들, 종교지도자들은 스스로 하나님의 뜻을 분별하고 자신들은 하나님의 백성이라고 믿었습니다. 이러한 자신들 안에 있는 편견 때문에 예수님이 말씀하시는 복음 중의 복음인 천국 비밀을 얘기해도 깨닫지를 못합니다. 그러면서 자신들은 다 안다고 생각합니다.

우리에게 임한 하나님 나라

오늘날은 어떤지 아십니까? 미국인들에게 질문해보면 95%가 자신은 천국에 간다고 이야기합니다. 우리 한국인들도 아마 교회 다니는 사람한테 물어보면 다 천국 간다고 대답할 것입니다. 그러나 그런 사람들을 앞에 앉혀놓고 '복음이 무엇입니까? 복음의 핵심이 무엇입니까? 천국 비밀이 무엇이며 천국 진리가 무엇입니까?' 하고 물어보면, 정작 마음속에 이런 것이 없음을 알게 됨니다. 그런데도 추상적으로 '나는 천국 갈 거야!' 하고 막연히 생각합니다. 꼭 바리새인과 같습니다. 눈이 닫히고 마음이 닫혔습니다. 그래서 예수님께서 말씀하십니다. '누군가에게는 허락됐고 누군가에게는 허락되지 아니하니라.'

시청각장애인이었던 헬렌 켈러 여사는 진정 하나님의 사람입니다. 그분이 어느 날, 클리블랜드 맹인협회의 초청을 받아서 스승인 설리번과 함께 그곳에 갔습니다. 그때 설리번이 많은 사람들 앞에서 헬렌 켈러와 가냘픈 손으로 입과 얼굴, 목을 만지면서 의사소통하는 것을 직접 보여주었습니다. 그러고는 이 단체의 회장인 베이커 박사에게 그러한 방법으로 헬렌 켈러와 한번 의사소통을 해보라고 권했습니다.

그런데 베이커 박사가 직접 해보니까 너무 어려운 것입니다. 그래서 그는 헬렌 켈러에게 이렇게 말했습니다. "인간에게 가장 큰 불행은 보지 못하는 것 같습니다." 그때 헬렌 켈러가 유명한 말을 남깁니다. "아닙니다. 절대 아닙니다. 눈을 가지고도 보지 못하는 것은 얼마나 더 큰 불행입니까?" 성도 여러분, 우리 마음 속에 하나님 나라를 보지 못하는 것, 하나님 나라를 묵상하지 못하는 것이야말로 가장 큰 불행입니다.

성도 여러분, 예수님이 말씀하신 천국의 비밀이 무엇입니까? 나는 어떻게 알고 있습니까? 이것은 너무나 자명합니다. 먼저 이것은 천국의 실재를 말합니다. 예수님 말씀대로입니다. "하나님 나라가 임하였느니라." 믿는 자는 이것을 믿지만, 믿지 않는 자는 절대 믿지 못합니다. 천국은 현재적이며 종말적입니다. 결국 모든 인간은 죽어서 최후의 심판대 앞에 서야 합니다. 그때는 둘 중 하나입니다. '천국에 가느냐, 지옥에 가느냐.'

다음으로 천국의 비밀은 하나님의 통치와 다스림의 역사를 말합니다. 하나님은 하나님의 뜻대로 주권적 역사를 일으키십니다. 누군가에게는 이 비밀이 허락되었고, 누군가에게는 감추어졌습니다.

또한 천국은 오직 성령의 역사를 통해서 십자가의 복음을 믿음으로 거듭나야만 들어갈 수 있습니다. 얼마나 선하냐, 얼마나 악하냐의 문제가 아닙니다. 행위의 문제도 아닙니다. 깨끗한 믿음으로, 오직 믿음으로 천국에 들어갑니다.

그리고 그 비밀은 영원한 진리를 말합니다. 우리는 세상에서, 학교에서 이것저것 많이 배웠습니다. 이것도 진리이고 저것도 진리이고, 다 진리 같습니다. 하지만 백 년, 2백 년, 천년이 지나면 다 변하고 없어집니다. 그러나 천국 진리는 영원합니다. 예수님께서 말씀하시고, 2천 년 동안 계속해서 진행 중입니다. 앞으로도 마찬가지입니다. 이 진리만이 영원합니다. 성도 여러분, 구원받은 천국 백성이 어찌 이 천국을 생각하지 않을 수 있겠습니까?

여러분은 여러분 마음속의 이 천국을 기뻐하며, 눈으로 보고 고백하면서 오늘을 살아가십니까?

천국을 갈망하며 실제로 체험하는 삶

한번 생각해보십시오. 세상을 사는 크리스천의 삶 중에 가장 두드러지고 분별되며 구별되는 위대하고 뛰어난 삶은 무엇입니까? 대통령이 되는 것, 영웅이 되는 것입니까? 아니면 모두에게 칭찬받는 것입니까? 그런 것이 아닙니다. 제가 믿는 성경 말씀대로는 천국을 정말 믿고 항상 갈망하며 살아가는 것입니다. 그래서 예수님께서 명확하게 말씀하셨습니다. "너희는 먼저 그의 나라와 그의 의를 구하라." 그가 구별된 그리스도인입니다. '에덴낙원'의 설립목적이 바로 여기에 있습니다. 천국을 갈망하며 천국을 묵상하는 삶이 바로 오늘 나타나야 하는 것입니다. 그것이 그리스도인의 삶입니다.

이와 같은 것이 반복되고 체험될 때, 먼저 예수님의 은혜에 사로잡히게 됩니다. '나 같은 죄인이 어떻게 천국 들어가?' 하고 생각할 수 있지만, 예수님의 십자가의 은혜로, 그 크신 은혜로 천국에 들어갈 수 있습니다. 그 은혜가 나를 사로잡습니다. 그때 그 은혜가 내 안에서 왕 노릇하게 됩니다. 이것은 내가 일부러 하는 것이 아닙니다.

동시에 하나님의 사랑이 체험됩니다. 단지 말로 생각하고 고백하는 그런 것이 아니라, 실제적으로 체험됩니다. 그때에만 우리는 하나님을 전심으로 사랑할 수 있습니다. 이 얼마나 놀라운 일입니까? 정말 천국을 묵상할수록, 갈망할수록 우리는 천국의 약속된 은혜와 평강과 기쁨을 체험하게 됩니다. 오늘 이 시대에서 고통 중에도, 환난 중에도 체험하게 됩니다. 천국의 안식을 맛보게 됩니다. 그리고 천국의 증인으로 내 마음속에서 보는 그 천국을 말하고 증거하며, 하나님께 영광 돌리는 삶을 살아갈 수 있게 됩니다.

 기도

전지전능하신 하나님 아버지, 이 어두운 세상 속에 예수 그리스도를 통하여 천국 복음을 선포하시고 증거하셨건만, 그 비밀을 깨닫지 못하고, 원망과 불평 중에 세상 중심의 삶을 살아가는 어리석은 죄인들을 불쌍히 여겨주시옵소서. 천국의 실재가, 그 비밀이 이미 사건으로 우리 속에 나타났음을 깨닫고 고백하여 나는 과연 천국을 마음속에서 바라보며, 그 비밀을 아는 자로 고백하며 오늘을 사는가를 다시 한번 생각하며, 하나님의 크신 은혜와 사랑에 감사하며, 하나님의 사람으로 승리하는 삶을 살아갈 수 있도록 함께하여주시옵소서. 우리 주 예수 그리스도의 이름으로 간절히 기도드리옵나이다. 아멘.

예수께서 전파하신 천국의 비밀

02

좁은 문으로
들어가라

예수께서 각 성 각 마을로 다니사 가르치시며 예루살렘으로 여행하시더니 어떤 사람이 여짜오되 주여 구원을 받는 자가 적으니이까 그들에게 이르시되 좁은 문으로 들어가기를 힘쓰라 내가 너희에게 이르노니 들어가기를 구하여도 못하는 자가 많으리라 집 주인이 일어나 문을 한 번 닫은 후에 너희가 밖에 서서 문을 두드리며 주여 열어 주소서 하면 그가 대답하여 이르되 나는 너희가 어디에서 온 자인지 알지 못하노라 하리니 그 때에 너희가 말하되 우리는 주 앞에서 먹고 마셨으며 주는 또한 우리를 길거리에서 가르치셨나이다 하나 그가 너희에게 말하여 이르되 나는 너희가 어디에서 왔는지 알지 못하노라 행악하는 모든 자들아 나를 떠나 가라 하리라 너희가 아브라함과 이삭과 야곱과 모든 선지자는 하나님 나라에 있고 오직 너희는 밖에 쫓겨난 것을 볼 때에 거기서 슬피 울며 이를 갈리라 사람들이 동서남북으로부터 와서 하나님의 나라 잔치에 참여하리니 보라 나중 된 자로서 먼저 될 자도 있고 먼저 된 자로서 나중될 자도 있느니라 하시더라 **– 누가복음 13:22-30**

좁은 문으로
들어가라

하나님의 사람 에이브러햄 링컨의 일화를 소개하겠습니다. 그는 대통령이 되기 전에 변호사로 오랫동안 일했습니다. 변호를 잘해서 재판에 늘 승리하는 변호사로 소문이 널리 퍼졌습니다. 어느 날 링컨에게 어떤 부자가 와서 돈을 많이 줄 테니까 자기를 변호해달라고 일을 맡겼습니다. 그런데 변호를 맡아야 할 내용을 듣고 보니, 이게 정당하지 못한 일이었습니다. 그래서 링컨은 부당한 일을 맡을 수 없다며 그의 청을 거절했습니다. 그러자 부자가 소리를 지르고 화를 내면서 이렇게 말합니다. "변호사란 돈을 받고 안 되는 것도 되게 하는 사람 아닙니까? 정당한 일을 되게 하는 거야 누군들 못합니까! 당신은 돈만 많이 받고 안 되는 일을 되게만 하면 되는 것 아닙니까!"

그 말을 듣고 링컨은 껄껄 웃으면서 이렇게 대답했다고 합니다. "나의 생활은 하나님이 다 알고 계십니다. 내가 먹고사는 것은 하나님이 채워주실 것입니다. 나는 하나님이 원치 않으시는 변호는 하지 않습니다. 나는 하나님의 편입니다. 내가 변호하는 것은 하나님의 공의를 이루기 위한 것이지, 돈을 받으려고 변호하는 것이 아닙니다. 제 일은 결코 돈을 벌려고 하는 것이 아닙니다."

인생의 선택과 결단

인생은 각자의 선택과 결단으로 결정됩니다. 이는 자신의 선택으로 인생의 의미와 운명이 만들어진다는 것을 의미합니다. 과거의 선택이 오늘 현실의 내 모습이요, 오늘의 선택이 미래의 삶을 결정합니다.

성도 여러분, 그리스도인은 예수님을 선택했습니다. 이것을 결코 잊어서는 안 됩니다. 우리는 예수님을 나의 구세주로, 구주로 믿고 선택을 했습니다. 그리고 예수님과 함께 살고 예수님의 뜻을 따라 살며, 예수님께 순종하기로 선택하고 결단했습니다. 이 믿음의 고백은 단번에 이루어지나, 인생은 단번에 이루어지는 것이 아닙니다. 지속적으로 그 고백적 삶을, 그 선택의 삶을 책임지며 오늘을 살아가야 합니다. 예수님께서 말씀하십니다. '너희들이 인생을 살면서 하나님과 재물을 겸하여 섬길 수 없느니라.' 하나만 선택하라는 것입니다. '하나님의 뜻이냐, 내 뜻이냐' 하나를 선택해야 합니다. '하나님의 나라냐, 세상이냐?' 하나를 선택해야 합니다. '나의 성공이냐, 아니면 하나님께 영광 돌리는 삶이냐' 하나를 선택해야 합니다.

혼자 사시는 한 할머니가 계셨습니다. 그분은 평소 현관에 항상 모자를 두고 생활했습니다. 그 이유는 방문객이 초인종을 누르면 바로 그 모자를 쓰고 맞이하기 위해서랍니다. 만일 방문객이 마음에 드는 사람이면 이렇게 환대하면서 그를 안으로 인도합니다. "아, 내가 마침 나갔다 들어왔는데, 어찌 이렇게 시간을 잘 맞춰오셨습니까? 잘 오셨습니다." 그런데 그가 마음에 안 들고, 만나고 싶지 않은 사람일 경우에는 즉시 미안한 표정을 지으면서 이렇게 말하고는 밖으로 나간답니다. "내가 마침 나가려는 참인데, 어찌 이렇게 시간이 어긋났을까요." 내 마음대로 하는 삶이 때로는 지혜롭기도 한 것 같지만, 이것은 그리스도인의 삶이 아닙니다.

예수님을 선택한 그리스도인의 삶

무엇보다 예수님을 선택했다는 삶에서 우리가 항상 기억해야 할 것이 있습니다. 그것은 예수 믿기 전에 우리가 경험했던 세계관이나 삶의 경험, 그리고 내 모든 것 위에다가 예수 그리스도를 선택한 것 하나를 더 추가한 것이 아닙니다. 자꾸 우리는 이 함정에 빠집니다. 풀어서 설명하면, 내 뜻에다가 예수님의 뜻을 합치는 것입니다. 내 삶의 방식에다가 하나님의 말씀을 추가하는 것입니다. 내 소망에다가 하나님의 뜻을 더합니다.

이것이 어떻게 그리스도인의 삶입니까? 결코 아닙니다. 예수님을 선택했다는 것은 오직 하나님의 뜻을 선택한 것입니다. 하나님의 뜻대로 되기를 믿는 것입니다. 정말 그 뜻대로 되는 역사 속에 예수님이 이 땅에 오셨고 우리는 믿음으로 구원받았습니다. 그러므로 오직 예수 그리스도만을 선택하는 것을 의미합니다. 다른 것은 다 버리는 것입니다. 예수님께서 이렇게 말씀하셨습니다. 우리가 너무나 잘 아는 말씀입니다. '나를 따르려거든, 천국 가려거든 자기를 부인하고 나를 따르라.' 예수님을 선택했다는 것은 예수 믿기 전, 그 이전의 모든 것들을 일단 버리는 것입니다. 모든 것을 함께 가지고 가는 것이 아님을 기억해야 합니다.

하나님을 한번 생각해보십시오. 우리는 오직 하나님만이 창조

주시요 역사의 주인이시며 최후의 심판주이심을 믿습니다. 그런데 그 하나님의 뜻에 내 뜻, 인간의 뜻을 더해서야 되겠습니까? 감히 그래서야 되겠습니까? 정말 예수님이 구세주시요 구주이신데, 그 예수님의 생각과 뜻에 내 생각과 뜻을 조금 더하면 뭐가 좀 나아질 것 같습니까?

아닙니다. 오히려 망칩니다. 마태복음 6장 33절에서 예수님은 말씀하십니다. "너희는 먼저 그의 나라와 그의 의를 구하라." 이를 조금 더 의역하면 이렇게 됩니다. '너희는 먼저만이 아니라, 오직 그의 나라와 그의 의를 구하라.' 이것이 그리스도인의 선택이요 결단입니다. '그러면 구하지 아니한 것도 창조주는 다 아시니까, 네 분복대로 믿음의 열매로 주리라.' 이것이 하나님의 약속입니다.

오늘 본문에서 예수님은 말씀하십니다. "좁은 문으로 들어가기를 힘쓰라." 이 말씀은 산상수훈의 결론인 마태복음 7장에도 기록된 말씀입니다. 구원을 얻기 위해서, 다시 말해 천국에 들어가고 오늘 천국의 삶을 살려면 좁은 문으로 들어가라고 하십니다. '좁은 문을 선택해라. 좁은 문을 결단해라. 그래야 천국에 들어가고, 오늘 천국의 삶을 살아갈 것이다.' 예수님의 말씀입니다. 이 좁은 문은 하나님의 뜻입니다. 하나님의 구원의 방식입니다. 이 좁은 문이 아니면 결코 천국에 들어갈 수 없고, 오늘 천국을 맛볼 수도 없습니다.

좁은 문으로 들어간다는 말의 의미

이 땅에 수많은 종교가 있습니다. 무시할 수 없는 종교도 있습니다. 그러나 하나님의 뜻에서 보면 다 가짜입니다. 우상숭배입니다. 그것으로는 천국에 못 들어갑니다. 이 선택과 결단이 분명해야 합니다. 그래서 예수님은 말씀하십니다. '나는 길이요 진리요 생명이다.' '그 길이요, 그 진리요, 그 생명'이란 유일성을 말합니다.

그러니 세상 종교에서 기독교를 배타적이라고 하는 것은 맞습니다. 변명하려고 들 필요 없습니다. 성경 말씀에 따르면 당연히 배타적일 수밖에 없습니다. 좁은 길 외에 구원에 이르는 길이 없기 때문입니다. 이 좁은 문은 우리 일상의 삶에서 보면 참 대단한 걸림돌입니다. 항상 유혹이 됩니다. 왜냐하면 우리는 넓은 길로 가기를 원하기 때문입니다. 어떻게 보면 좁은 길도 갔다가 넓은 길도 갔다가, 다 가기를 원합니다.

여기서 큰 유혹을 받습니다. 그래서 하나님 나라의 가장 큰 적은 세상과 종교라고 말씀드리는 것입니다. 하나님 나라를 알기 전에 세상 안에서 살았고, 많은 종교를 접했습니다. 그러나 그 모든 것을 다 버리지 않으면 이 좁은 문으로 못 들어갑니다. 이 세상 안에서는, 종교 안에서는 이 좁은 문, 예수님의 이 말씀이 가장 큰 걸림돌입니다. 왜냐하면 이 좁은 문으로 들어가려면 내가 내던 열심, 내가 자랑하는 지식, 그 모든 걸 버려야 되기 때문입니다. 그래서 오직 예수 그리스도뿐이라고 기독교는 말합니다.

마태복음 7장을 보면 예수님께서는 '좁은 문으로 들어가라'고 말씀하시면서 이어서 또 말씀하십니다. '찾는 이가 적으니라.' 이것은 종말론적인 말씀입니다. '주여, 주여 하는 자는 많을지 모르지만, 천국 들어가는 이는 적으니라.' 다수는 어디로 가는 것입니까? 넓은 길로 나가기 때문입니다. 그 길은 결국 멸망의 길인데, 천국 못 들어가는 길인데, 그리로 가고 있다고 경고하셨습니다.

그러면서 말씀하십니다. "거짓 선지자들을 삼가라"(마 7:15). 왜 사람들이 넓은 길로 갑니까? 거짓 선지자가 있기 때문입니다. 오늘날로 말씀드리면 기독교 안의 잘못된 복음을 전하는 목회자요, 신학자요, 전도자들입니다. 넓게 보면 세상의 지도자요, 종교인들이 될 수 있습니다. '이들을 삼가라. 이들을 조심하라.' 왜냐하면 그들은 자꾸 넓은 문을 제시하기 때문입니다. 그래서 세상에서 박수를 받습니다. 그러나 예수님께서는 말씀하십니다. '그 끝은 멸망이니라.' 복음을 왜곡하고 변질했기 때문입니다.

성도 여러분, 복음이라고 하면 먼저 완전하다는 것을 생각해야 합니다. 하나님의 뜻대로 되었기 때문에 복음은 완전합니다. 가감해서도 안 되고, 흔들어서도 안 됩니다. 그런데 아주 교묘하게, 자연스럽게 조금만 흔들면 복음은 넓은 문이 되어버립니다. 그것이 오늘날 기독교 안에 '번영의 복음'이라는 것입니다. '예수 믿으면 십자가의 은혜로 고통도 없고 고난도 없다. 예수 믿으면 부도 주고 건강도 준다.' 얼마나 좋습니까? 예수도 믿고 부도 건강도 얻는데 말이죠. 문을 활짝 넓혀놓았습니다. 그러나 이것으로는 천국에 못 들어갑니다.

또한 '긍정의 복음'도 마찬가지입니다. '아무리 어려운 일을 당해도 긍정적으로 생각해라. 웃어라. 항상 사고를 밝게 해라.' 효험이 있습니다. 그런데 천국에는 못 들어갑니다. 이것 또한 넓은 문입니다. 결국 십자가가 없는 메시지가 전해집니다. 십자가 없는 복음입니다. 예수님도 말씀하시고, 성령도 말씀하시고, 성경도 말씀하는데, 진리의 메시지가 없습니다. 복음을 떠난 것입니다. 그래서 예수님은 강하게 경고하십니다. '좁은 문으로 들어가라. 거짓 선지자를 삼가라.'

좁은 문 - 예수 그리스도와 십자가

성도 여러분, 좁은 문은 무엇입니까? 예수 그리스도와 십자가입니다. 항상 기억하십시오. 예수 그리스도와 십자가, 그 문으로 들어가지 않으면 천국의 삶을 누릴 수 없습니다. 그 길만이 유일한 길입니다. 그래서 사도 바울은 매일매일 예수님의 십자가를 생각하지 않을 수 없었습니다. 그리고 갈라디아서 6장 14절에서 위대한 신앙고백을 합니다. "그러나 내게는 우리 주 예수 그리스도의 십자가 외에 결코 자랑할 것이 없으니." 그러니까 매일매일 십자가를 선택했습니다. 매일매일 십자가를 따라가는 것만이 예수 그리스도와 함께하는 삶임을, 하나님 나라의 삶을 체험했기 때문에 그 신앙고백, 그 설교가 하나님의 말씀으로 성경에 기록된 것입니다.

한번 생각해보십시오. 예수님이 누구십니까? 스스로 질문하지만, 또 이에 대한 많은 질문을 받습니다. 그때 '성경에서 기적도 행하시고, 병든 자를 살리시고, 이런저런 교훈의 말씀을 주시는 분'이라고만 예수님을 소개하면 인간 예수밖에는 안 됩니다. 구주 예수가 되지 않습니다. 오직 십자가 안에서만 구세주와 구주가 되십니다. 십자가 안에서만 온전한 예수님을 알 수 있고, 하나님의 계시를 완벽하게 이해할 수 있습니다. 십자가를 떠나면 모든 것은 주변적인 것입니다. 오직 예수님의 십자가 안에서만 하나님의 은혜와 사랑을 체험하고 명백하게 알 수 있습니다.

그런데 십자가를 조금 밀쳐놓고, 이 좁은 문을 밀쳐놓고 다른 성경 말씀을 가지고 생각하면 다른 예수님이 나옵니다. 그분은 결코 인류의 구세주요, 구주가 되지 못하십니다. 이 좁은 문, 예수 그리스도의 십자가는 우리에게 항상 열려 있습니다. 아무리 역사의 악인이라 할지라도, 누구라도 예수를 믿고 구원받습니다. 하나님의 의 아래에서 보면 다 도토리 키 재기입니다. 다 죄인입니다. 그들에게 십자가는 활짝 열려 있습니다. 이것이 좁은 문입니다.

그러나 이 문이 항상 열려 있는 것은 아닙니다. 닫힐 때가 있습니다. 아무리 "주여! 주여!" 하고 소리쳐도 소용이 없습니다. 때로는 누구를 위해 기도하고 전도하는데, 꼭 돌아오는 답은 이렇습니다. "제가 내년에 예수님 믿겠습니다." 또 하나님의 일을 봉사하라고 권면하는데 답은 이렇습니다. "조금 후에, 조금 더 편안할 때 하겠습니다." 이래서는 거의 못 한다고 봅니다. 아무 때나 내 마음대로 하는 것이 아닙니다. 건강도, 물질도, 기회도, 열정도 때가 있습니다. 특별히 이 좁은 문은 너무 좁아서 한 사람씩밖에는 못 들어갑니다. 각자의 믿음으로, 각자 한 사람씩밖에 못 들어갑니다. 그기에 좁은 문입니다. 누구든지 들어가지만, 한 사람씩밖에는 못 들어가는 회전문과 같습니다.

우리가 전도를 해보면 이런 경험을 할 때가 흔히 있습니다. "예수 믿고 구원받으세요!"라고 하면, 본인이 안 믿으니까 잠시 생각하고 이렇게 말합니다. "제 아내는 다니는데요. 우리는 안 다니지만, 자녀는 열심히 나갑니다." 저는 이런 분도 보았습니다. 생각하다 보니 집안에 예수 믿는 사람이 없습니다. 그러니까 이럽니다. "아내의 조부가 아마 목사님이셨는데."

그게 무슨 상관입니까! 이것은 불신자들 사이, 넓은 문에서는 상관이 있겠지만 예수님이 말씀하시는 좁은 문에서는 상관없는 말입니다. 그 문은 오직 각자가 자신의 믿음으로 들어갈 수 있는 문입니다. 그런데 너무 좁아서 각자가 들어가기는 하지만, 이 세상 것을 갖고는 들어가지 못합니다. 부와 성공과 선행, 공로와 명예와 권력을 갖고 들어가려다가는 못 들어갑니다. 이것들은 장애물에 불과합니다. 이 좁은 문은 오직 믿음으로만 들어가는 문입니다. 다른 것은 다 버려야 됩니다. 그것이 아무리 유익이고 자랑거리라 하더라도 천국 문 앞에서는 다 버려야 들어갈 수 있습니다.

좁은 문으로 들어가기를 힘쓰라!

예수님께서 산상수훈의 결론에 말씀하시고, 다시 재차 강조하십니다. 특별히 강조하십니다. "좁은 문으로 들어가기를 힘쓰라"(24절). 이것을 원문에 가까운 영어로 보면 'strike'입니다. '분

투하라', '전심전력해서 애쓰고 노력하라'는 것입니다. 왜 이렇게 까지 말씀하십니까? 이게 쉬운 일이 아니기 때문입니다. 그 문은 쉬운 문이 아닙니다. 더욱이 예수 믿고 저절로 들어가는 문이 아닙니다. "주여!" 하면 들어가는 문이 아닙니다. 넓은 문이 아니기에 너무 힘든 문입니다. 그래서 "힘쓰라!" 하고 말씀하십니다.

예수님 당시를 잠깐 생각해보십시오. 당시 상황에서 예수를 믿는다는 것은 죽음입니다. 불이익을 당하고 사회에서 축출당합니다. 비난을 받고 어디 취직도 안 될 뿐만 아니라, 원형경기장에 끌려가 거기서 죽습니다. 이 문이 어디 그렇게 쉬운 문입니까? 오늘은 다른 차원에서도 어려운 문입니다. 정말 어렵습니다. 그래서 마르틴 루터는 이렇게 말합니다. "믿음으로 구원 얻는다는 말은 행함으로 구원 얻는다는 말보다 더 어려운 것이다."

믿음으로 구원받고 믿음으로 살아간다는 것은 어려운 일입니다. 행함으로 얻는 것은 상대적으로 행하는 것이니 쉬울 수 있습니다. 아프리카에 있는 사람들에게 한 달에 몇만 원씩 보내고, 북한에도 보내고 또 어디에 가서 봉사하는 선행으로 천국에 간다면 그것은 오히려 쉽습니다. 그러나 성경은 오직 믿음으로, 십자가의 복음을 믿음으로 구원받는다고 말씀합니다. 이 온전한 믿음에 대한 순간적인 고백도 쉽지 않지만, 이렇게 지속적으로 고백하며 살아간다는 것은 정말 어려운 일입니다. 그래서 예수님께서 말씀하십니다. '좁은 문으로 들어가기를 힘써라. 그래야 천국에 들어가고, 오늘 천국의 삶을 누릴 수 있느니라.'

왜 이렇게 어려운 것입니까? 먼저는 세상이 문제입니다. 예수 믿기 전에 이 세상에서 내가 알고 경험했던, 기뻐했던 것과 즐거웠던 것, 소망하던 것이 다 장애물입니다. 이것은 한 번에 없어지지를 않습니다. 정말 어려운 게 무엇이겠습니까? 저나 여러분이나, 나 자신이 제일 어렵습니다. 좁은 문으로 들어가기에 가장 어려운 것이 바로 나 자신입니다. 나의 탐심과 정욕입니다. 그래서 예수님께서 말씀하십니다. '자기를 부인하고 나를 따르라.' 나를 부인하는 것이 정말 어려운 일입니다. 어느 날은 되었다가, 어느 날은 안 되는 것을 우리는 매일 경험합니다. 그래서 예수님께서 말씀하십니다. "좁은 문으로 들어가기를 힘쓰라." 무엇보다도 사탄이 역사합니다. 자꾸 우리 마음에 다른 생각을 집어넣어서 집중하지 못하게 합니다. 더욱이 십자가에 집중하면 집중할수록 자꾸 이상한 생각이 들게 만듭니다. 그래서 어렵습니다.

노벨문학상을 받은 영국의 작가 버나드 쇼의 유명한 일화가 있습니다. 그는 95세에 죽을 때 자기 묘비명을 직접 적었습니다. '내 인생 우물쭈물하다가 이렇게 끝날 줄 알았다.' 잘못된 선택으로 인한 자신의 책임을 말한 것입니다. 그 문은 어느 날 갑자기 닫혀버립니다. 어느 날 갑자기 하나님 앞에 나아갑니다. 그래서 예수님은 산상수훈의 결론에서 말씀하십니다. "나더러 주여 주여 하는 자마다 다 천국에 들어갈 것이 아니요 다만 하늘에 계신 내 아버지의 뜻대로 행하는 자라야 들어가리라 그 날에 많은 사람이 나더러 이르되 주여 주여 우리가 주의 이름으로 선지자 노릇 하며 주의 이름으로 귀신을 쫓아 내며 주의 이름으로 많은 권능을 행하지 아니하였나이까 하리니 그 때에 내가 그들에게 밝히 말하되 내가 너희를 도무지 알지 못하니 불법을 행하는 자들아 내게서 떠나가라 하리라"(마 7:21-23). 즉 '너희가 주여 주여 해도 천국 들어가지 못한다. 선지자 노릇 하고, 귀신을 쫓아내고, 많은 능력을 해도 못 간다'라고 말씀하십니다. 그 이유는 딱 하나입니다. 아버지의 뜻대로 행하지 않았기 때문입니다. 가감했기 때문입니다. 그것이 좁은 문입니다. 이것이 하나님의 구원의 방식입니다. 이 구원의 방식을 성경은 설명합니다.

예수 그리스도로부터 전해오는 은혜

은혜는 외부로부터 옵니다. 하늘로부터 옵니다. 그분이 예수 그리스도이십니다. 이것이 하나님의 구원방식입니다. 그리고 예수님은 피 흘림으로 대가를 치르시고 십자가에서 죽으셔야 했습니다. 이런 구원의 방식을 따라 믿음으로 우리는 구원받습니다.

그런데 많은 사람이 좁은 문으로 가지 않았습니다. 한 번 "주여!" 하고, 다음날엔 인생을 다르게 삽니다. 또 넓은 문으로 갑니다. 여기서 문제가 됩니다.

좁은 문으로 들어가는 것은 단번에 되는 일이 아닙니다. 우리는 이 땅에서의 생을 살아갑니다. 생의 의미, 생의 운명, 생의 열매가 지금 우리 앞에 놓여 있습니다. 지속적으로 좁은 문으로 들어가야 하기 때문입니다. 평생 동안 있어야 하는 일이기 때문입니다. 좁은 문으로 들어갔을 때, 그 길은 '협착하다, 좁고 좁은 길이다'라고 마태복음에서 말씀하고 있습니다. 그만큼 어렵습니다.

쉽게 한번 생각해보겠습니다. 예수님께서 말씀하십니다. '원수를 사랑하라.' 이것이 하나님 나라의 삶입니다. 이것이 쉽습니까? 어렵습니다. '자기를 부인하라.' 쉽지 않습니다. '십자가의 길을 따르라.' 이 또한 어렵습니다. '오직 하나님께 순종하라.' 쉬운 것이 아닙니다. 내 믿음으로는 그렇게 하고 싶은데, 그 문을 따라가고 싶은데, 그 길을 따라가고 싶은데, 아직 온전한 믿음이 지속적으로 나타나지 못합니다.

성도 여러분, 이것이 나의 힘과 노력과 열심으로 되겠습니까? 안 됩니다. 절대 불가능합니다. 오직 하나님의 방식으로만 됩니다. 그것이 성령의 역사입니다. 성령께 정말 순종해야 합니다. 성령께 의지해야 합니다. 성령 안에서 기도해야 합니다. 성령께서 우리를 도와주셔야 합니다. 성령께서 우리의 마음과 생각을 새롭게 하셔야 합니다. 우리의 신앙고백이 매일매일 살아서 나를 움직이게 만들어야 합니다. '정말 그렇구나. 정말 하나님은 살아 계시다. 정말 하나님은 모든 걸 알고 계시다. 하나님은 나를 사랑하신다. 나는 예수 그리스도 안에서 구원받은 자녀다. 나는 하나님의 백성이다.' 성령께서 내게 기억나게 하시고 말씀해주셔야 믿음의 결단과 선택을 할 수 있습니다.

그래서 사도 바울은 로마서 7장에서 고백합니다. 제가 참 사랑하는 말씀입니다. 얼마나 진솔하게 고백합니까? 노년에 바울은 이렇게 말합니다. '오호라, 나는 곤고한 존재다.' 아니, 위대한 사도가 이런 말을 하면 어떡합니까? 좁은 문으로 들어가기가 그렇게 힘든 것입니다. '누가 이 사망의 우물에서 나를 건져내랴. 내 안에 악한 법이 있어 나를 사로잡는도다. 내 안에 악한 법이 있어 나로 선을 행하지 못하게 하노라.' 사탄의 역사가 끝도 없이 자신을 막는 것을 고백하고 있습니다.

그래서 주께서 '힘쓰라!' 말씀하시는 것입니다. 그리고 바울은 고린도전서에서 더 심한 고백을 합니다. '내 몸을 쳐 내가 복종케 하노라.' 단번에 쉽게 들어가는 문이 아닙니다. 계속 그 길을 가야 합니다. 그래서 그는 결론을 내립니다. "내가 너희 중에서 예수 그리스도와 그가 십자가에 못 박히신 것 외에는 아무 것도 알지 아니하기로 작정하였음이라"(고전 2:2). 예수 그리스도와 십자가 외에는 알지 않기로 결단한 것입니다. 정말 우리가 좁은 문으로 예수 그리스도를 따라가기를 원하고 그것을 소망하며 살아가다 보면 이 고백이 저절로 기억나고 그렇게 고백할 수밖에 없습니다. '예수 그리스도와 십자가 외에는 알지 않기로 결단하노라.' 여기에 성령의 역사가 있습니다.

복음 안에 있는 우리의 소망

저명한 영성 신학자였던 헨리 나우웬은 바쁜 일정 가운데 살면서도 하나님을 위한 공간과 하나님과 함께하는 삶을 만들기 위해서 나름대로 영적 훈련을 실천했습니다. 그것을 가리켜 자신이 '희미해지는 훈련'이라고 말하는데, 직역하면 '이름 없는 훈련'이라는 뜻입니다. 그러면서 우리에게 세 가지 좋은 영적 훈련을 제시합니다.

첫째가 'littleness', 즉 작아지는 훈련입니다. 인간은 태어나면서부터 끝까지 큰 성취를 원하고, 큰 사람 되기를 원하고, 큰 자리를 원하게 되어 있습니다. 그러나 진짜 큰 사람이 되고 싶으면 작아지는 연습부터 해야 한다는 것입니다.

둘째가 'hiddenness', 즉 숨는 것입니다. 인간은 어려서부터 자기를 알아주기를 원하고, 칭찬받기를 원하고, 계속 나타나기를 바랍니다. 이러한 욕망이 누구에게나 있습니다. 그러나 하나님은 그 많은 은혜와 은총을 우리에게 선물로 주시고도 항상 숨어 계십니다. 그렇기 때문에 이제 그리스도인은 하나님처럼 숨는 법을 배워야 한다는 것입니다.

셋째가 'powerlessness', 즉 약해지는 것입니다. 우리는 성공할수록 우리 마음대로 사람들을 움직이는 힘을 가진다고 믿습니다. 그리고 그것을 즐깁니다. 그러나 사람들을 움직여 나를 섬기게 하는 것보다 내가 남을 섬김으로써 그들을 움직이는 것이 진정한 하나님의 리더십이라는 것을 알아야 합니다.

성도 여러분, 좁은 길을 따라가는 사람의 소망은 이 세상에 있지 않습니다. 이 세상에서 성공, 행복, 안녕, 평화가 다 중요하지만, 그것은 다 근심과 걱정을 가져올 뿐입니다. 우리의 소망은 복음에 있어야 합니다. 복음은 예수 그리스도와 하나님 나라뿐입니다. 그 소망 중에 살아갈 때 예수 그리스도 안에서 십자가의 은혜로 생각이 변화되고, 마음이 변화되고, 소원이 변화됩니다. 성령께서 하나님 나라의 확증을 주시고, 의와 평강과 희락을 누리게 하십니다.

예수님을 한번 생각해보십시오. 예수님의 마지막 기도, 겟세마네 동산에서의 기도를 생각해보십시오. 피땀 흘리며 기도하십니다. 좁은 문으로 들어가기 위해서, 십자가의 길을 가기 위해서 그분도 피땀 흘리며 기도하십니다. 오직 기도뿐입니다. 성령 안에서 기도하고, 복음 안에서 회개하며 기도할 때, 성령께서 우리에게 힘을 주십니다. 용기를 주십니다. 좁은 문으로 가고자 하는 선택과 결단을 우리에게 주십니다. 그의 은혜와 평강 가운데에 두려움 없이 이 길이 진정 승리의 길임을 확신하며 주의 말씀에 귀를 기울입니다. 오늘도 주께서 말씀하십니다. "좁은 문으로 들어가기를 힘쓰라."

 기도

전지전능하신 하나님 아버지, 이 세상 풍조에 휩쓸리며, 넓은 길에서 자행자지하는 저희로 하여금 예수 그리스도 안에서 십자가의 복음을 믿음으로 좁은 길로 나아가게 하시고, 그 안에서 하나님과 함께하는 삶을 누리게 하심을 진심으로 감사드립니다. 진정 예수님이 나의 구주시요 하나님만이 살아 계신 창조주이시건만, 이것을 믿음에도 불구하고 이 세상 속에서 매일매일 좁은 길로 나아가지 못하는 이 미련하고 나약한 죄인을 불쌍히 여겨주시옵소서. 성령이시여, 주의 말씀이 기억나게 하시고, 천국으로 향하는 문은 오직 좁은 문뿐임을 묵상하고, 기억하며, 십자가의 도에 집중하여 오늘 이 시대에, 어려운 이 상황 속에서도 주의 평안과 기쁨을 누리며, 천국의 증인으로 승리하는 삶을 살아갈 수 있도록 함께하여주시옵소서. 우리 주 예수 그리스도의 이름으로 간절히 기도드리옵나이다. 아멘.

예수께서 전파하신 천국의 비밀

03

오직 능력

하나님의 나라는 말에 있지 아니하고 오직 능력에 있음이라

— 고린도전서 4:20

03

오직 능력

1950년대 미국이 정치적 혼란을 겪고 있을 때, 미국의 대학들도 학생운동으로 인하여 소용돌이치고 있었습니다. 그때의 일입니다. 하버드 법대 졸업식장에서 한 학생이 다음과 같이 연설을 했습니다. "지금 우리나라는 혼란의 도가니에 빠져 있습니다. 대학가는 반란과 난동을 부리는 학생들로 가득 차 있으며, 공산주의자들은 이 나라를 파괴하기 위하여 열을 올리고 있습니다. 위험이 곳곳에 도사리고 있고, 내부의 적과 외부의 적이 들끓고 있습니다. 그렇습니다. 우리나라는 법과 질서가 필요합니다. 법과질서가 없다면 이 나라는 생존할 수 없습니다."

이 연설이 끝나자 우레와 같은 박수가 청중으로부터 쏟아져

나왔고, 그 환호가 한동안 계속되었습니다. 시국이 어수선한 때에 한 하버드 법대생의 소신 있고 열정적인 연설에 대한 반응이었습니다. 박수가 가라앉을 무렵, 이 학생은 조용한 어조로 이렇게 말을 이었습니다. "방금 한 말은 1932년 아돌프 히틀러의 연설내용이었습니다." 충격적이게도 모두에게 감명을 주었던 그 연설은 20세기 최악의 미치광이 정치인인 히틀러의 열정에 찬 연설이었던 것입니다. 깊이 생각해보시기 바랍니다.

말의 영향력

하나님께서 야고보서 3장 6절을 통하여 우리에게 말씀해주십니다. "혀는 곧 불이요 불의의 세계라." 혀의 힘이 불과 같다는 것입니다. 그래서 활활 타오릅니다. 실천 없는 말이 분열과 분쟁을 만들고, 결국은 다툼 속에 불의의 세계를 만들어간다는 것을 지적해주는 말씀입니다.

말은 해결책이 아닙니다. 아무리 그 말이 감동적이고, 위로를 주고, 희망을 주고, 용기를 주는 말이라도 말은 말일 뿐입니다. 말은 결국 논쟁을 일으키게 됩니다. 옳고 그름으로 인해서 시시비비를 가리게 되고, 분열을 일으킨 다음에는 대상자를 비난하고 정죄하게 됩니다. 그 결국은 분쟁이요, 분열입니다. 그러므로 우리는 말에 속지 말아야 합니다. 이것이 오늘 우리에게 주시는 하나님의 말씀입니다.

세계적인 과학자 아인슈타인에게 한 학생이 물었습니다. "교수님, 교수님처럼 존경받는 위대한 과학자가 될 수 있는 비결은 무엇입니까?" 아인슈타인은 간단하게 대답합니다. "입을 적게 움직이고, 머리를 많이 움직이게."

참으로 지혜 있는 교훈입니다. 오늘 본문은 말씀합니다. "하나님의 나라는 말에 있지 아니하고 오직 능력에 있음이라." 간단한 말씀이지만, 우리는 이 말씀을 평생에 걸쳐서 묵상하며, 이 말씀 속에서 살아야 합니다.

본문의 배경이 되는 그 당시 고린도 교회는 분열과 분쟁으로 위기를 향해 치닫고 있었습니다. 그런데 이 교회는 사도 바울이 세운 초대교회 중 하나입니다. 온갖 위협과 박해, 그리고 우상숭배를 무릅쓰고 오직 복음으로 세워진 하나님의 교회였습니다. 하지만 시간이 흘러감에 따라 변질되어버렸습니다. 복음을 떠났습니다. 교회가 무엇인지를 알지 못했습니다. 그래서 결국은 분열과 분쟁의 위기를 겪게 됩니다. 그 원인이 무엇인지를 하나님께서 본문을 통하여 우리에게 알려주십니다. 아주 간단합니다. 말 때문이라는 것입니다. 누가 옳고 누가 그르냐의 문제가 아닙니다. 성경을 정확하게 분석해보면 소수인의 말 때문입니다. 비록 소수지만, 그 말이 불과 같은 것입니다. 활활 타올라서 분쟁을 일으키고 분열로 치닫고 있음을 우리에게 가르쳐줍니다.

성도 여러분, 나의 말은 어떻습니까? 교회 안에서, 사회에서, 직장에서, 가정에서 나의 말은 어떠합니까? 좋은 영향을 끼치고 있습니까? 아니면 나쁜 영향을 끼치고 있습니까? 나의 말은 그 기준이 하나님의 뜻에 있습니까? 아니면 내 뜻대로, 내 경험대로 주장을 펴는 말입니까? 내 말은 경건의 모양을 나타내고 있습니까? 아니면 경건의 능력을 나타내고 있습니까?

그리스도인의 삶과 교회의 의미

20세기의 성자로 불리는 간디의 유명한 일화입니다. 그는 암살당하기 몇 달 전에 세상을 향한 메시지를 짧게 요약해서 발표해달라는 요청을 받았습니다. 그런데 그 몇 해 전부터 간디는 스스로 일주일의 하루를 침묵의 날로 정해두고 있었습니다. 누가 오더라도 이날만은 반드시 지켰습니다. 그런데 하필이면 그 요청을 받은 날이 마침 침묵의 날이었습니다. 그래서 그는 말을 할 수 없으니까 메모지에 다음과 같이 짧게 기록해서 보여주었다고 합니다. '내 삶이 곧 나의 메시지입니다.'

그리스도인은 예수 그리스도를 따르는 자요, 예수 그리스도께

속한 자입니다. 이것은 말이 아닙니다. 삶을 말합니다. 그리스도인의 인생관, 가치관, 삶의 목적, 동기, 과정, 그리고 더 나아가 일상적 삶 그 자체를 말합니다. 일주일에 한 번 교회에 나와서 말로 고백하고, 말로 찬양하는 이런 것을 의미하지 않습니다. 예수 그리스도 안에서 진정 복음의 역사로 변화된 내 삶이 중요함을 뜻하는 것입니다.

그래서 오늘 본문은 말씀합니다. "하나님의 나라는 말에 있지 아니하고 오직 능력에 있음이라." 말로만 '나는 천국 백성이요, 나는 하나님을 믿는다' 하는 것으로는 아무것도 아닙니다. 하나님의 나라는 곧 능력이라고 합니다. 얼마나 귀중한 말씀입니까! 하나님 나라의 백성 된 그리스도인은 말로 살아가는 것이 아닙니다. 능력을 나타내야 합니다. 그리고 능력의 증인으로 오늘을 살아가야 합니다.

성도 여러분, 교회란 무엇입니까? 성경이 말씀하는 교회는 하나님의 전이요, 하나님의 나라입니다. 세상 속에서 불완전하지만, 분명히 하나님의 나라입니다. 이것을 항상 기억해야 합니다.

고린도 교회는 분쟁과 분열로 치닫고 있었습니다. 안팎으로 손가락질받는 상태에 놓여 있었습니다. 하지만 성경은 이 교회를 하나님 나라라고 말씀합니다. 그래서 '교회는…'이라고 말씀하지 않고 '하나님의 나라는…'이라고 말씀합니다. 이것은 고린도 교회를 지칭하는 말씀입니다. 아주 중요한 계시입니다.

다시 말해서, 교회의 모든 문제는 하나님 나라를 떠났기 때문에 생긴다는 것입니다. 하나님 나라가 그 해결책인데, 하나님 나라의 진리가 해결책인데, 거기에서 떠났습니다. 교회의 분열과 분쟁을 살펴보면 다 비본질적인 것입니다. 뭔가 열심히는 하는데 말뿐입니다. 도무지 능력이 없습니다. 책임도 없습니다. 사소한 문제로 인해서 분열됩니다. 성경에 나타난 초대교회의 많은 분쟁들을 보면 다 먹고 마시는 문제였습니다. 음식 문제, 전통 문제와 같이 다 사소하고 비본질적인 문제들입니다. 또 대다수의 사람이 아닌, 소수의 사람들이 한 말이 문제였습니다. 그런데 그 소수의 말로 인해서 불과 같이 확 타올라 버립니다. 하나님께서는 바로 이것을 분명하게 지적해주십니다.

한국의 초창기 교회도 그렇고 이후 많은 교회들이 그렇지만, 결국은 말 때문입니다. 소수의 말로 인해서 분열과 분쟁으로 번집니다. 하지만 그 내용을 보면 옳고 그름의 문제가 아닙니다. 다 사소하고 비본질적인 것입니다. 하나님 나라에 비춰보면, 더욱이 시간이 한참 지나서 보면 다 아주 작은 문제입니다. 이 사소한 말들이 교회를 어지럽힙니다.

우리는 다양한 사람들입니다. 그래서 비본질적인 것은 다양할 수밖에 없습니다. 그러나 본질에서 교회는 일치합니다. 오직 하나님 나라입니다. 그래서 교회는 하나님 나라와 복음을 항상 생각하고, 묵상하고, 증거하고, 전하며 기뻐해야 합니다. 이것이 교회입니다. 내 생각, 내 뜻, 우리 생각이 아닙니다. 그렇게 주장하는 옳고 그름이 교회를 어지럽힙니다. 하지만 교회는 오직 예수 그리스도와 하나님 나라만을 증거하고, 기뻐하고, 찬양해야 합니다. 하나님의 은혜, 하나님의 사랑, 하나님의 진리, 하나님의 영광, 하나님의 역사, 하나님의 말씀이 우리 입에서 나가고, 서로 권면하며 찬송할 때 교회가 교회됩니다. 그렇지 않으면 고린도 교회처럼 순식간에 분열에 휩싸이게 되고, 한갓 종교기관이 되고 맙니다.

교회는 세상 속에 있는 불완전한 하나님의 나라입니다. 이제 그 교회를 참 교회되게 하는 것은 그리스도인의 몫입니다. 하나님 나라 백성의 몫입니다. 하나님의 은혜와 진리를 전하고 하나님의 영광을 나타낼 때, 하나님 나라의 진리를 기뻐할 때 참 교회로 전환됩니다. 그래서 성경은 교회를 그리스도의 몸이라고 정의합니다. 예수 그리스도께서 계신 곳이 교회요, 하나님 나라이기 때문입니다.

성도 여러분, 하나님 나라는 말에 있지 않습니다. 하나님 나라는 능력입니다. 이 능력은 인간의 능력을 말하는 것이 아닙니다. 인간의 성공을 말하는 것도 아닙니다. 이 능력은 하나님의 능력이요, 하나님의 뜻입니다. 이 능력은 영적 능력을 말합니다. 그래서 로마서 1장 16절에서 말씀합니다. "복음은 모든 믿는 자에게 구원을 주시는 하나님의 능력이 됨이라."

복음이 곧 하나님의 능력이라는 말씀입니다. 이 복음의 능력으로 우리가 그리스도인 되고 교회가 교회 됩니다. 그 외의 것이 아닙니다. 하나님의 사랑, 하나님의 능력입니다. 믿는 자에게 주어지는 하나님의 능력입니다. 그 사랑에 감격하고, 사랑의 증인으로, 사랑의 사람으로 변해갑니다. 그 능력이 없으면 아무것도 아닙니다.

진리 또한 능력과 관련되어 있습니다. 우리가 진리를 깨닫게 되고, 진리의 가치를 알게 되면 진리가 나를 진리의 사람으로 변화시킵니다. 그 능력이 없다면 아무것도 아닙니다. 하나님의 은혜는 그 자체가 능력입니다. 모든 것이 하나님의 은혜 가운데 이루어짐을 고백하고, 그 은혜가 없으면 나는 아무것도 아닌 존재임을 깨달으며 고백하게 됩니다.

하나님의 능력이 없다면 그야말로 그리스도인과 교회와 기독교는 아무것도 아닙니다. 하나님 나라를 말해도 능력이 없으면 아무것도 아닙니다. 그렇기 때문에 하나님의 능력은 절대적입니다. 이 사실에 회의와 의심이 있거든 예수 그리스도께로 돌아가 생각하십시오. 그래서 복음을 먼저 생각해야 합니다. 예수님의 출생부터 죽음까지를 보십시오. 예수님은 성령의 능력으로 탄생하신 분입니다. 하나님의 능력으로 말씀이 육신이 되셨습니다. 우리는 그분을 믿습니다. 그 능력을 믿어서 그 진리를 깨닫고, 예수 그리스도를 구주로 고백합니다. 예수 그리스도의 일생을 기억해보십시오. 모든 것이 능력입니다. 병든 자를 고치시고, 앉은뱅이를 일으키시고, 바다를 건너시고, 죽은 자를 살리시고, 곳곳을 다니시며 능력을 나타내셨습니다.

무엇보다도 가장 큰 능력은 십자가입니다. 믿지 않는 자에게는 미련한 것이지만, 믿는 자에게는 구원의 능력입니다. 이 십자가를 통해서 하나님의 의가 나타났습니다. 이 십자가에 하나님의 은혜와 사랑이 충만히 계시되어 있습니다. 이 능력을 믿음으로 내가 하나님의 자녀가 됩니다. 그래서 바울은 이렇게 선포합니다. "십자가의 도가 멸망하는 자들에게는 미련한 것이요 구원을 받는 우리에게는 하나님의 능력이라"(고전 1:18).

십자가의 도가 하나님의 능력이라고 말씀합니다. 하나님의 능력이 없으면 아무것도 아닙니다. 어떤 신앙적 열매도 맺을 수 없습니다. 무엇보다도 나 같은 죄인이 어떻게 그리스도인이 될 수 있고, 어떻게 하나님 나라의 백성이 될 수 있습니까? 하나님의 능력으로, 하나님의 초월적 능력으로, 은혜와 사랑의 능력으로, 진리의 능력으로, 복음의 능력으로, 믿음으로 말미암아 하나님 께로부터 의롭다 칭하심을 받고, 사죄의 은총을 받고, 하나님의 사람으로 변해갑니다.

출애굽기 역사를 생각해보십시오. 한마디로 하나님의 능력이 없다면 어떻게 출애굽이라는 사건이 있을 수 있습니까? 더욱이 광야 40년, 하나님의 능력이 없었다면 수백만 명이 어떻게 광야에서 40년을 살아냅니까? 반석에서 물이 나오고, 하늘에서 만나가 떨어졌습니다. 이것이 무엇입니까? 하나님의 능력, 그것을 계시합니다. 그래서 성경은 말씀합니다. '하나님의 나라는 말이 아니다. 능력이다.' 이것을 항상 기억해야 합니다.

하나님 나라이며 하나님의 능력인 교회

기독교 변증가인 리 스토로벨(Lee Strobel) 박사가 쓴 『하나님의 파격적인 주장』(God's Outrageous Claims)이라는 유명한 책이 있습니다. 이 책에서 그는 하나님의 능력을 힘입는다는 것은 버튼 하나를 누르거나 적당한 주문을 외워서 갑자기 내게 능력이 임하는 것이 아님을 이야기합니다. 그러면서 하나님의 능력을 힘입는 성경적 단계를 영어 'A'로 시작하는 다섯 단계로 설명합니다.

첫 번째가 'Admit' 하나님 없이는 연약한 존재라는 것을 인정하라는 것입니다. 두 번째가 'Affirm' 하나님의 능력과 임재를 확신하라는 것입니다. 세 번째가 'Align' 하나님의 뜻에 내 생각을 맞추라는 것입니다. 네 번째가 'Ask' 필요할 때 하나님의 능력을 구하라는 것입니다. 다섯 번째가 'Act' 하나님께 순종하는 마음으로 행동하라는 것입니다. 우리는 삶 속에서 하나님의 능력을 체험했다는 확신을 가질 때가 많지 않습니다. 그러나 그럴 때도 하나님은 존재하시고, 그 능력은 살아 역사합니다. 그러기에 믿는 마음으로 하나님께 먼저 순종할 때 그 현장에서, 삶 속에서 하나님의 능력을 이해하고 체험하게 됩니다.

성도 여러분, 교회는 불완전한 세상 속에 나타난 하나님의 나라이며, 교회는 하나님의 능력입니다. 하나님의 능력이 나타나는 곳입니다. 거듭남의 역사가 나타나고 구원의 역사가 일어나는 곳이 교회지, 건물이 교회가 아닙니다. 그 하나님의 능력이 어떻게 나타나는가를 명백하게 이해해야 합니다.

교회는 먼저 죄를 깨닫게 합니다. 세상에서는 죄를 깨닫기가 힘듭니다. 아무리 내가 그리스도인으로 살아도 그 상황에 묻히면 모호해집니다. 또 내 뜻에 매이기도 합니다. 그러나 교회에서 선포되는 하나님의 말씀을 들을 때, 복음이 선포될 때 가장 먼저 깨닫게 되는 확신은 죄에 대한 분별력입니다. '내가 죄 중에 살았구나! 죄와 함께했구나!' 이것을 하나님의 능력으로 깨닫게 됩니다.

초대교회를 보십시오. 사도행전 2장에서 베드로가 성령 충만하여 하나님의 복음을 전할 때 첫 응답이 찔림을 받은 것입니다. 죄의식을 갖게 되었습니다. 그들은 이렇게 고백합니다. "우리가 어찌할꼬"(37절). 세상에서는 죄의 찔림이 약간의 양심의 가책일 뿐, 분명히 나타나지 않습니다. 그러나 복음의 역사 속에서는 성령의 능력으로 말미암아 죄가 무엇인지를 분명히 깨닫게 됩니다.

더 나아가 하나님의 능력으로 회개하게 됩니다. 아무나 회개하는 것 아닙니다. 정말 애통해하는 마음으로 회개하는 것은 성령의 능력입니다. 회개하는 마음을 갖고 하나님께로 돌아오게 하십니다. 이러한 하나님의 능력으로 되는 사건입니다.

또한 예수 그리스도를 아는 지식을 얻게 됩니다. 하나님의 능력으로 예수님께서 누구신지, 무슨 일을 하셨는지를 명백히 깨닫게 됩니다. 그리고 이제 온전한 마음으로 믿어 이렇게 고백합니다. '예수는 나의 구주시다.' 예전에는 다른 사람들을 따라서 믿었지만, 이제는 명백하게 확신에 차서 고백하게 됩니다. '예수님은 나의 구주시다.' 이것은 성령의 능력으로 됩니다.

더 나아가 하나님 나라를 믿게 됩니다. 믿을 수 없는 하나님 나라, 보이지 않는 나라, 영적인 나라를 믿게 됩니다. 그리고 내가 하나님 나라의 백성 됨을 기뻐하고, 감사하며 오늘을 살게 됩니다.

무엇보다도 하나님의 뜻을 분별하게 됩니다. 세상에서 많은 사람들 속에 있으면 하나님의 뜻을 분별하는 것이 어렵습니다. 그러나 주의 전인 교회에서는 하나님의 뜻을 분별할 수 있습니다. 하나님의 말씀을 들음으로 성경을 통하여 명백해집니다. 그리고 놀라게 되고, 감사하게 되며, 감격하게 됩니다.

더 나아가 믿음으로 순종하고자 하는 마음이 생깁니다. 이것은 내 인격이 아니었습니다. 나는 원래 그런 사람이 아니지만, 하나님의 능력으로 항상 하나님의 교회 안에서 이루어지는 역사입니다.

그리고 복음의 증인으로 살아갈 신앙적 결단이 나타납니다. 위대한 하나님 나라의 역사를 말하고 싶어집니다. 전하고 싶어집니다. 이것을 알지 못하는 자들, 하나님의 진노 속에서 살아가는 자들에 대한 긍휼한 마음이 생기며 그들을 위해 기도하게 됩니다. 이 놀라운 변화는 성령의 역사이며, 하나님의 능력으로 교회 안에서 됩니다.

성도 여러분, 예수님의 제자 베드로는 따지고 보면 오늘날 우리만도 못한 사람입니다. 성정도 그렇고, 어부였던 그는 결국 3년을 그렇게 가르쳐놓았는데도 십자가 사건 앞에서 말로만 이렇게 떠듭니다. "다른 사람들은 다 주님을 버릴지언정 저는 아닙니다." 하지만 불과 몇 시간도 되지 않아서 도망갑니다. 그것도 모자라 예수님을 저주하고 부인했습니다. 그 정도의 인격입니다. 그런데 그런 그가 순교자가 됩니다. 하나님의 능력 없이 이것이 되겠습니까? 바로 그 능력에 대해서 성경은 베드로를 통하여 우리에게 알려줍니다.

더욱이 오늘 말씀을 남긴 사도 바울은 어떻습니까? 교회를 핍박하고, 멀리까지 가서 그리스도인을 잡아 옥에 가둔 사람입니다. 그런데 이제는 말합니다. "하나님의 나라는 능력이라." 그 능력을 힘입어 바울은 예수 그리스도를 만났고, 복음을 알게 되었습니다. 아무리 핍박하고, 징계하고, 매로 치고, 비난해도 오직 복음을 증거하며 순교하게 됩니다. 바울의 인격, 의지, 지식의 힘이 아닙니다. 교육의 힘도 아니요, 경험의 힘도 아닙니다. 오직 하나님의 능력입니다.

성도 여러분, 여러분은 이런 하나님의 능력을 알고, 깨닫고,

체험하고, 간구하고, 증거하며 오늘을 살아가십니까? 이것이 결정적인 요소입니다. 아무리 신앙생활을 오래 하고, 신학을 공부하며 다양한 일을 했어도, 이 능력을 체험하지 못하면 아무것도 아닙니다. 말뿐이고, 추상적인 것입니다.

하나님의 능력은 사건이 내게 임하고, 내 안에 나타나는 것입니다. 그 능력을 체험하게 되면 하나님 나라의 확신을 가지고 하나님과 함께하는 삶을 갈망하며, 하나님의 능력의 증인으로 오늘을 살게 됩니다. 만일 그렇지 못하다면 복음으로 돌아가십시오. 예수 그리스도께로 다시 돌아가시기 바랍니다. 그분의 탄생부터 죽음과 부활로 다시 돌아가십시오. 예수 그리스도께 나타난 것은 하나님의 능력입니다. 그 능력으로 내가 하나님의 부르심 속에 믿음으로 하나님의 자녀가 됩니다. 그리고 성령께 간절히 기도하십시오. 매일매일 기도하십시오. '성령이시여, 하나님의 능력을 깨닫게 하시고, 이미 능력이 내게 임했음을 분별케 하시고, 그 능력으로 살아 능력의 증인이 되게 하소서.' 그럴 때 필요한 능력을 하나님께서 주십니다.

성경은 분명히 선언합니다. "하나님의 나라는 먹는 것과 마시는 것이 아니요 오직 성령 안에 있는 의와 평강과 희락이라"(롬 14:17). 이것은 말이 아닙니다. 사건이요, 능력입니다. 오늘 하나님의 능력으로 나타난 현재적인 사건입니다. 하나님의 자녀에게, 그 능력을 체험하는 자에게는 의와 평강과 희락이 체험됩니다. 성령의 열매는 말이 아닙니다. 사랑과 희락과 화평, 오래 참음과 자비와 양선, 충성과 온유와 절제는 단지 말이 아닙니다. 능력이요, 사건입니다. 하나님 나라의 백성에게 주신 하나님의 선물입니다. 하나님의 능력으로 깨달아지고, 체험되며 내 안에 나타나는 사건입니다. 이것을 항상 기억해야 합니다.

구세군을 창설한 하나님의 사람 윌리엄 부스의 다음과 같은 매우 귀중한 일화가 있습니다. 한 기자가 그에게 영적으로 능력 있게 사는 삶의 비결이 무엇인지, 언제부터 그런 삶을 살게 된 것인지 물었습니다. 그때 그는 이런 답을 해주었습니다. "나의 생애를 통하여 하나님께서 윌리엄 부스를 위해 행하실 모든 계획에 순종한다고 맹세한 그날부터입니다."

윌리엄 부스가 죽고 몇 해 후, 한 친구가 그의 딸에게 아버지의 고백을 상기시켰습니다. 그랬더니 딸은 이렇게 말했습니다. "그 맹세 자체가 아버지 삶의 진정한 비결이 아니었습니다. 아버지의 삶의 진짜 비결은 그분이 그 맹세를 지켰다는 것입니다."

성도 여러분, 진실로 하나님 나라의 복음을 믿고, 하나님께 순종하며 살아갈 때 하나님의 능력에 대한 분별력을 갖게 되고, 이해를 하게 되고, 체험을 하며, 그 능력의 증인으로 오늘을 살게 됩니다. 하나님께서 우리에게 주신 하나님의 말씀입니다. "하나님의 나라는 말에 있지 아니하고 오직 능력에 있음이라. "

 기도

전지전능하신 하나님 아버지, 하나님의 무한한 은혜 속에 살면서도 은혜 받지 못한 것처럼 살아가고 있으며, 하나님의 끝없는 사랑 속에 살면서도 그 사랑을 망각하고, 세상 속에서 방황하고 있으며, 하나님의 위대한 능력 안에 살면서도 아무 능력을 받지 못하고, 알지 못한 것처럼 자행자지하며, 자신의 힘과 능력으로 사는 것처럼 착각하는 불신앙의 삶을 불쌍히 여겨주시옵소서. 하나님 나라는 말에 있지 아니하고 능력에 있다는 이 말씀을 붙들고, 묵상하여 성령의 역사로 하나님의 능력을 체험하고, 깨닫고, 분별하고, 증거하고, 찬양하며 살아가는 주의 사람이 되어 승리의 삶을 살 수 있도록 우리를 지켜주시옵소서. 우리 주 예수 그리스도의 이름으로 간절히 기도드리옵나이다. 아멘.

예수께서 전파하신 천국의 비밀

04

예수님을 만난
부자관리

어떤 관리가 물어 이르되 선한 선생님이여 내가 무엇을 하여야 영생을 얻으리이까 예수께서 이르시되 네가 어찌하여 나를 선하다 일컫느냐 하나님 한 분 외에는 선한 이가 없느니라 네가 계명을 아나니 간음하지 말라, 살인하지 말라, 도둑질하지 말라, 거짓 증언 하지 말라, 네 부모를 공경하라 하였느니라 여짜오되 이것은 내가 어려서부터 다 지키었나이다 예수께서 이 말을 들으시고 이르시되 네게 아직도 한 가지 부족한 것이 있으니 네게 있는 것을 다 팔아 가난한 자들에게 나눠 주라 그리하면 하늘에서 네게 보화가 있으리라 그리고 와서 나를 따르라 하시니 그 사람이 큰 부자이므로 이 말씀을 듣고 심히 근심하더라 예수께서 그를 보시고 이르시되 재물이 있는 자는 하나님의 나라에 들어가기가 얼마나 어려운지 낙타가 바늘귀로 들어가는 것이 부자가 하나님의 나라에 들어가는 것보다 쉬우니라 하시니 듣는 자들이 이르되 그런즉 누가 구원을 얻을 수 있나이까 이르시되 무릇 사람이 할 수 없는 것을 하나님은 하실 수 있느니라 — 누가복음 18:18-27

예수님을 만난
부자관리

오래 전 영국 런던의 한 신문사에서 큰 상금을 걸고 어떤 질문에 대한 답을 공모한 적이 있었습니다. 그 질문은 '돈이란 무엇인가?'입니다. 많은 사람들이 이에 대해 나름대로 정의를 내리며 이 공모에 참여했습니다. 그런데 큰 상금의 주인공이 된 당첨자는 전혀 뜻밖의 인물이었습니다. 그는 가난한 신문 배달 소년이었습니다. 부자나 지식이 많은 사람도 아니고, 경험이 많거나 지혜가 많은 사람도 아니었습니다. 단지 볼품없는 가난한 소년이었습니다. 이 소년이 말한 정답은 이것입니다. "돈이란 천국 말고 어디든지 갈 수 있는 여행권이다."

돈에 대한 세상과 천국의 다른 기준

여러분은 어떻게 생각하십니까? 세상의 기준에서 보면 돈은 권세입니다. 또한 돈은 세상 기준에서 보면 성공이요, 능력이요, 권력입니다. 그리고 돈은 신분이요, 행복이요, 때로는 인격을 의미하기도 합니다. 그렇기 때문에 세상 모든 사람들이 부자가 되기를 바랍니다. 세상에서는 성공이 무엇이냐에 대한 기준이 부에 있습니다. 우리는 그런 세상을 살아가고 있습니다.

또한 종교적 기준에서 보아도 돈이란 지혜의 결과요, 복의 결과입니다. 또한 능력과 신분의 상징입니다. 우리의 일상에서도 보면 어떤 사람이 큰 부와 건강을 갖고 잘 살 때 '아, 저 사람, 복 받은 사람일 거야!' 합니다. 그런데 실패한 사람, 가난한 사람, 병든 사람 들을 보면 '저 사람, 복 받지 못한 사람이네!' 합니다. 일단 이런 마음이 드는 것이 인간의 종교적 심성입니다. 여기에 문제가 있는 것입니다.

그리스도인은 천국 기준으로 모든 것을 새롭게 정의하며 살아갑니다. 천국 진리 안에서 보면 돈이란 그냥 돈입니다. 수단일 뿐이지, 아무 능력이 없습니다. 돈으로 진리를 깨달을 수도, 돈으로 은혜와 사랑을 얻을 수도, 돈으로 영생을 구할 수도 없고 없습니다. 하나님 나라에 들어갈 수도 없습니다.

조금 더 분명하게 생각해보면, 하나님 나라 들어가는 데에 가장 큰 장애물이 돈입니다. 가장 큰 위험이 돈입니다. 그래서 예수님께서는 마태복음 6장 24절에서 이렇게 말씀하십니다. "하나님과 재물을 겸하여 섬기지 못하느니라." 돈이 하나님의 자리를 대신하는 이 세상을 가리키는 말씀입니다. 이 세상에서 하나님의 진리를 떠나 살면 돈의 권세 아래 살아갈 수밖에 없습니다. 돈이 삶의 목적이 됩니다. 돈은 어디까지나 수단이어야 되는데, 어느덧 행복의 기준이요, 성공의 기준이 되어버리고 맙니다. 그래서 성경은 부의 위험성을 지적합니다. 오히려 많은 돈이 우리를 하나님과 멀어지게 합니다. 예수님께서는 돈이 영적인 삶을 무너뜨린다는 것을 경고하십니다.

성도 여러분, 천국은 오직 하나님의 복음을 믿음으로 들어갑니다. 행위의 문제가 아닙니다. '착한 일을 했느냐, 나쁜 일을 했느냐?' 이것이 천국과 무슨 상관이 있습니까? 그런데도 어떤 사건 속에서 계속 종교적 해석밖에는 못 내립니다. 우리는 복음적 해석을 내려야 합니다. 천국은 오직 믿음으로 들어갑니다. 오직 예수 그리스도를 나의 구주로 영접하고 예수님께 순종하므로 하나님께서 선물로 우리에게 천국을 주십니다. 이것을 항상 기억해야 합니다.

본문에 매우 충격적인 사건이 기록되어 있습니다. 참으로 유명한 사건입니다. 복음서에 이 장면이 여러 번 게시되어 있는데, 종합해보면 이 사람은 청년이요, 부자요, 성공한 관리입니다. 이처럼 세상에서 성공한 부자관리인 청년이 직접 스스로 예수님께 찾아왔습니다. 참 훌륭한 사람입니다.

게다가 그가 예수님께 드린 질문을 보십시오. 세상 사람 같지 않습니다. "부와 건강을 주세요. 제 소원을 성취해주세요. 세상을 개혁해주세요." 이런 하류가 아닙니다. 차원이 높습니다. "어떻게 하면 영생을 얻을 수 있겠습니까?" 정말 높은 수준의 도덕적인 사람입니다. 거기다가 예수님과 나누는 대화를 보면 그는 십계명을 잘 지킨 사람입니다. 부모를 공경한 훌륭한 인격의 사람입니다. 그가 이제 예수님을 찾아와 만나 뵙고 말씀을 듣습니다. 그런데 결과가 어떻게 됩니까? 기쁘고 즐거운 마음이 아니라, 오히려 큰 근심을 얻고 예수님을 떠나가게 됩니다.

이 사건, 얼마나 충격적입니까? 이것을 오늘의 사건으로 해석해보십시오. 이렇게 훌륭하고 성공한 청년이 제 발로 예수 믿겠다고 찾아오면 이것은 교회의 자랑거리입니다. 이렇게 유명하고 성공한 부자관리가 지금 자기 발로 우리 교회에 와서 예수를 믿었다는 것은 많이 알려야 될 내용입니다. 그런데도 예수님은 뭐라고 하십니까? 아니라는 것입니다. "너는 하나님 나라 못 들어가!" 이 얼마나 충격적입니까!

또한 본문 말씀은 많은 경우 잘못 해석되고 남용되는 말씀입니다. 왜냐하면 이 사건을 놓고 이렇게 정의를 내리거든요. '부자는 천국 못 들어가. 예수님께서 말씀하셨잖아. 낙타가 바늘귀 들어가는 것이 부자가 천국 들어가기보다 쉽대. 그러니 부자가 어떻게 천국 들어가? 정말 부자들 보니까 마음에 안 들어!' 이렇게 결론을 내립니다. 그래서 이 본문을 가지고 가난한 사람들에게 설교하는 경우들이 종종 있습니다.

그러나 이 말씀은 절대 그런 내용이 아닙니다. 예수님께서 말씀하십니다. '네가 가진 모든 것을 팔아 이웃 사람들에게 나눠주고, 너는 나를 따르라.' 이것이 가난한 사람이라고 할 수 있는 일입니까? 가난한 사람도 부자도 모두 할 수 없는 일입니다.

성도 여러분, 본문의 이 사건을 생각할 때 우리는 전도에 대해서 다시 기억해야 합니다. '전도가 무엇일까요?' 모든 그리스도인은 전도자로 부르심을 받았습니다. '내가 왜 하나님의 자녀가 되었을까? 내게 왜 믿는 마음이 생겼을까?' 바로 하나님의 부르심 때문입니다. 그 부르심의 목적이 바로 하나님의 복음을 전도하기 위해서입니다. 그래서 중요한 것은 '무엇을 가지고 전도하느냐?'

입니다. 메시지가 무엇이냐 하는 것입니다. 이 메시지가 잘못되면 다 잘못됩니다. 그래서 우리는 예수님이 전하신 복음을 증거해야 합니다. 예수 그리스도와 하나님 나라, 하나님의 복음을 바로 전파해야 합니다.

예수님의 전도

본문을 보면, 이것은 대표적인 예수님의 전도입니다. 예수님이 전도하시니 결국 어떻게 됩니까? 더 큰 근심을 얻고 예수님을 떠나갑니다. 오늘날은 일단 무조건 교회에 등록시키고 출석시키는 것이 목적입니다. 수단과 방법을 가리지 않습니다. 아픈 사람이 교회 나오면 병 낫고, 가정이 불우한 사람은 행복해지고 소원 성취할 수 있다고 하며 일단은 교회에 등록부터 시킵니다. 하지만 이것은 잘못된 전도입니다. 그런데도 오늘날 교회는 그 숫자를 자랑합니다. 이것은 하나님의 방법이 아닙니다.

우리는 예수님을 본받아야 합니다. 전도의 목적은 오직 복음에 순종하는 것입니다. 예수 그리스도께 순종하고, 예수님을 구주로 영접하는 것입니다. 그리고 천국에 들어가는 것입니다. 이것이 전도의 목적입니다. 이 목적을 가지고 예수님께서 영생의 비밀과 천국의 비밀을 말씀하셨는데, 사회에서 존경받는 이 부자관리는 오히려 예수님을 떠났습니다. 얼마나 충격적입니까? 우리가 전도할 때 그 결과를 예측하는 것, 이렇게 하면 1년에 몇 명이 등록하고 하는 것은 다 잘못된 것입니다. 예수님은 오직 복음을 전하는 전도를 하셨습니다. 이것이 하나님의 뜻입니다.

예수님은 본문에서 물질 자체를 나쁘다고 말씀하시는 것이 아닙니다. 돈이 나쁘다고 부정하시는 것이 전혀 아닙니다. 예수님은 돈의 권세를 지적하십니다. 세상에서는 돈이 권세가 있습니다. 모든 사람이 부자가 되기를 바랍니다. 세상에서는 돈이 성공의 기준입니다. 예수님은 그 돈의 권세가 얼마나 위험하고 잘못된 것인지를 지적하십니다. 실제로 예수님은 부자관리의 마음을 잘 알고 계십니다. 아무리 세상에서 존경받고 칭찬받아도 그 중심을 알고 계십니다.

그는 지금 돈의 권세 아래 살아가고 있습니다. 십계명을 지키고, 선행을 하며, 부모를 공경하지만, 두 마음을 갖고 두 주인을 섬깁니다. 인생관, 세계관이 잘못된 것입니다. 돈에 대한 인식과 태도와 의존이 잘못된 것입니다. 비록 선을 행하지만, 이런 탐심을 가지고는 천국에 들어가지 못합니다. 이것은 모든 사람을 향한 예수님의 말씀입니다. 돈의 권세에 눌려 살아가는 사람, 삶의 목적과 기준이 돈인 사람, 탐심에 이끌린 사람은 천국에 못 들어갑니다. 그래서 예수님께서 말씀하십니다. '다 팔아라. 그 돈으로

인한 권세, 그 잘못된 돈에 대한 탐심을 다 팔아라. 없애라. 그리고 너는 나를 따르라.'

한 일화가 있습니다. 두 사람이 상담을 받으러 랍비를 찾아갔습니다. 한 사람은 그 고장에서 가장 큰 부자고, 다른 한 사람은 가난한 사람이었습니다. 부자가 먼저 들어가서 상담을 했는데, 1시간이 걸렸습니다. 다음으로 가난한 사람이 잔뜩 기대를 품고 들어갔는데, 5분밖에 안 걸렸습니다. 가난한 사람이 화가 나서 따집니다. "왜 부자는 1시간이나 만나주고, 저는 5분밖에는 안 만나줍니까? 이게 공평한 겁니까?" 그때 이 랍비가 웃으면서 이렇게 말했답니다. "진정하세요. 당신은 당신 자신의 가난함을 잘 알고 있지만, 저 부자는 자기 마음의 가난함을 모르고 있습니다. 그것을 알게 하기까지 1시간이나 필요했기 때문에 그와 1시간을 만난 것입니다." 의미 있는 이야기 아닙니까?

천국 백성의 태도와 삶의 모습

본문 23절은 말씀합니다. "그 사람이 큰 부자이므로 이 말씀을 듣고 심히 근심하더라." 그래서 천국에 못 들어가는 것입니다. 예수님을 만나고 어떤 말씀을 하셨건, 내게 하나님의 말씀을 하셨으면 "아멘!" 하고 믿음으로 받아들여야 그가 천국 사람인 것입니다. 성경 전체의 말씀을 내게 주신 하나님의 말씀으로 듣고, 회개하며, 하나님을 찬양할 때 그는 이미 구원받은 하나님의 백성입니다.

그런데 세상에서 아무리 존경받고, 성공하고, 선을 행해도 예수님을 만난 후에 근심이 더 생겼고, 그 결과 예수님을 떠났다면 그는 불신자입니다. 왜 이 사람은 이처럼 큰 근심을 갖게 되었습니까? 다시 한번 말씀드리지만, 이 사람은 자발적으로 예수님께 찾아왔습니다. 높은 영적 차원의 질문을 가지고 그것을 해결하고자 예수님께 찾아왔습니다. 그는 선행을 많이 베풀었고, 부모를 공경하는 사람입니다. 가장 도덕적인 사람입니다. 그리고 거기서 예수님을 직접 만났고 예수님께로부터 직접 말씀을 들었습니다. 그런데 왜 그는 예수님을 만나기 전보다 더 큰 근심을 안고 예수님을 떠나야만 했던 것입니까? 이 질문 속에, 이 사건을 통해 우리에게 주신 하나님의 말씀이 있습니다.

조금 구체적으로 생각해보면, 먼저 자신의 기대와 예수님의 말씀이 달랐기 때문입니다. '영생을 어떻게 얻겠습니까?'라는 높은 차원의 질문을 가지고 예수님을 찾아왔지만, 정작 예수님께서는 자기가 듣고자 하는 답을 주시지 않으셨습니다. 이 사람처럼 그 시대의 훌륭한 사람이면 사람들 앞에서 좀 특별하게 대우해주셔야 할 것 아닙니까? 당시에 창녀나 세리와 같이 형편없는 사람들이 얼마나 많았습니까? 그러니 이 정도면 그래도 좀 특별하게 대우해주시고 말씀해주셔야 할 것 아닙니까? 하지만 예수님께서는 전혀 그러지 않으셨습니다. 여기서부터 삐딱해졌습니다. 자기를 위로해주시고, 칭찬해주시고, 좋은 권면의 말씀을 주실 줄 알았는데, 완전히 자기 기대와 달랐던 것입니다.

오늘도 많은 사람들이 이런 이유로 교회에 안 다닙니다. 내 코드에 잘 맞아서 다니는 것은 아무 의미가 없습니다. 성경을 통해서 주신 하나님의 말씀이 교회에서 선포되어야 합니다. 오직 복음이 선포되어야 합니다. 나머지는 하나님의 주권 아래 있는 것이고, 각자의 문제입니다. 이 부자관리는 예수님의 말씀을 듣고 근심에 사로잡혀서 떠났습니다. 오늘날 이런 사람이 얼마나 많습니까?

또한 이 사람은 영생을 인간의 기준으로 생각했습니다. '내가 무엇을 하면 되고, 선행을 하면 되고, 그래서 나는 다른 사람보다 착하고, 지식도 있고, 돈도 많으니까 이것은 쉬운 것이다.' 실제로 돈이 없는 사람보다는 돈이 많은 사람이 선행하기 쉽습니다. 돈이 많기에 다른 사람을 위해서 돈을 낼 수 있습니다. 그러니 그는 와서 예수님께 이렇게 여쭙니다. '예수님, 내가 무엇을 해야 영생을 얻을 수 있겠습니까?' 하지만 예수님은 벌써 아셨습니다. '이 사람이 지금 선행을 돈으로 생각하고 있구나. 뭔가 남보다 더 행하면 영생을 얻을 수 있다고 생각하는구나.' 그래서 예수님은 하나님의 기준에서 말씀하십니다. '사람으로는 천국 못들어간다. 사람이 할 수 있는 일이 아니다.' 그래서 이렇게 말씀하십니다. "낙타가 바늘귀로 들어가는 것이 부자가 하나님의 나라에 들어가는 것보다 쉬우니라"(25절).

부자라고 할 수 있는 것이 아닙니다. 세상에서는 뭐든지 다 할 수 있는 것 같지만, 그것은 세상의 기준입니다. 천국 기준에서는 아무것도 할 수 없습니다. 하나님의 기준을 말씀하십니다. 그래서 청년은 충격을 받았습니다. 그러니까 큰 근심이 생겼습니다. 무엇보다도 예수님께서 너무나 명확하게 복음을 전하셨습니다. 성경 어디에서도 예수님을 만나러 온 사람에게 예수님이 이렇게 구체적으로 무엇인가를 요구하신 적이 없으셨습니다. 그런데 예수님께서 말씀하십니다. 본문에 나타난 대로입니다. '네 소유를 다 팔아서 가난한 사람에게 주고, 너는 나를 따르라.' 이것은 도저히 지킬 수 없고 불가능한 것입니다.

천국에 들어가는 길

성도 여러분, 영생을 얻고 천국 들어가는 것은 인간의 힘으로 되지 않습니다. 어떤 선행을 해도 안 됩니다. 그러나 하나님은 하실 수 있습니다. 예수님께 순종하면 됩니다. 내가 원하는 코드의 말씀이 아니라, 예수님의 말씀 전체를 그대로 믿는 그 마음으로 천국에 들어갑니다. 비록 지키지 못하고 잘못은 하지만, 그럼에도 회개하고 말씀을 그대로 믿음으로 천국에 들어갑니다.

그런데 이 사람은 다른 것은 다 할 수 있습니다. 부모를 공경하고, 도적질하지 않고, 십계명을 지킵니다. 하지만 예수님의 이 말씀은 따라갈 수 없습니다. 그러니 예수님이 보시기에 그는 돈의 권세 아래에서 위선적인 삶을 살았던 종교인일 뿐입니다. 지금 이 사람은 예수님을 직접 만났고, 직접 그 말씀을 들었습니다. 그런데 그 말씀을 듣고 오히려 더 큰 근심이 생겼습니다. 그래서 예수님을 떠납니다. 한마디로 천국에 들어가지 못합니다.

성도 여러분, 오늘 이 시대의 문제를 생각해보십시오. 천국에 아무나 들어가는 것이 아닙니다. 이웃에게 선을 행하고, 무슨 봉사를 하며, 착하고, 존경받고, 사람들이 인정하고, 도덕적인 사람이어서 천국에 들어가는 것이 아닙니다. 내가 정말 천국 사람이라는 확신이 있다면 더 명백하게 알아야 합니다. 탐심을 가지고는 절대 천국에 못 들어갑니다. 돈의 권세 아래에 있는 사람, 성공의 기준이 돈인 사람, 절대 천국에 못 들어갑니다. 깨끗한 믿음으로 천국 백성이 되어서 그것을 버려야 됩니다. 본문에서 이 사람이 왜 예수님을 떠난 것입니까? 왜 천국에 들어가지 못한 것입니까?

본문의 사건은 명백하게 말씀해줍니다. 예수님 때문입니다. 예수님의 말씀 때문에 천국에 들어가지 못했습니다. 그러면 이것이 예수님의 잘못입니까, 아니면 이 사람의 잘못입니까? 물론 이 사람의 잘못입니다. 그에게는 믿음이 없었습니다. 예수님이 아직 누구이신지를 모릅니다. 예수님은 하나님이시며, 그 예수님을 나의 구주로 영접해야 말씀을 그대로 믿을 수 있는데, 믿지를 못하겠으니 천국에 들어가지 못합니다.

성도 여러분, 그러면 왜 예수님은 이 사람에게만 이렇게 엄격하고 명백하게 불가능한 기준을 말씀하는 것입니까? 다른 사건들을 보십시오. 나병 환자라든지, 세리나 세리장이라든지, 다른 사람들에게는 이렇게까지 말씀하지 않으셨습니다. 그냥 이러셨습니다. '나를 믿으라. 나를 따르라.' 마태나 삭개오 같은 세리는 그 당시 나쁜 매국노입니다. 그런데도 예수님은 이렇게 말씀하셨습니다. '나를 따르라. 오늘날 구원이 네 집에 임하였느니라.' 만일 그 사람들에게 '네 모든 소유를 다 팔아서 옆의 가난한 사람에게 주고 너는 나를 따르라!' 하셨으면 그들이 따라올 수 있었을까요? 아니지요. 그러면 예수님은 왜 사회적으로 훌륭하게 성공한 그 청년에게, 스스로 예수님을 찾아온 그 사람에게 이렇게까지 말씀하시는 것입니까?

예수님의 마음을 읽어야 합니다. 그 의도가 우리에게 주시는 말씀입니다. 그것은 회개 때문입니다. 회개하여야만 천국에 들어갈 수 있습니다. 회개하지 않는 자는 하나님도 어쩔 수 없습니다. 세리나 세리장, 창녀는 자신이 얼마나 큰 죄인인지 압니다. 사회적으로나 개인적으로도 압니다. 그러나 이 사람은 전혀 모릅니다. 그에게는 율법적인 의가 있습니다. 세상에서 성공했고 돈도 많습니다. 그리고 부모도 공경하는 착한 사람입니다. 그러나 그는 지금 하나님 앞에 자기가 얼마나 큰 죄인인지를 모르고 있습니다. 지금 예수님을 만나고도 스스로 의로운 사람이라 착각하고 있습니다.

"무엇을 해야 영생을 얻을 수 있습니까?" 이 질문이 그것을 말해줍니다. 자신이 누구인지를 알지 못하는 무지입니다. 왜냐하면 하나님을 알지 못하니까요. 거룩하신 하나님 앞에서 어떻게 참회 자복하지 않을 수 있습니까! 그러다 보니 세상의 자랑, 돈, 성공, 선행, 이런 것들이 복음의 장애물이 됩니다. 차라리 망가졌어야 예수님께 "나는 죄인입니다!" 하고 돌아올 수 있는데, 세상에서 부족한 것이 없습니다. 돈이면 다 되는데, 거기다가 착하기까지 한데, 정작 그 자랑들이 천국 가는 길에 가장 큰 장애물이 되고 있습니다. 그래서 예수님이 그 사람을 아시고, 엄격하게 기준을 정해서 말씀하신 것입니다.

그를 보시고 사랑하신 예수님

그런데 참으로 심오한 것이 있습니다. 그것은 예수님이 지금 분노하시고, 정죄하시고, 비난하시는 마음이 아니라는 것입니다. 복음서에서는 이 사건을 이렇게도 기록합니다. "예수님께서 그를 보시고 사랑하사."

저는 이 말씀에 너무나 은혜를 받았습니다. '그를 보시고 사랑하사' 불쌍히 여기셨습니다. 그리고 도덕적 차원에서 보면 사실 사랑할 만한 사람 아닙니까? 십계명을 지키고, 부모를 공경하고, 선행을 하고, 그리고 예수님을 찾아온 그는 착한 이, 좋은 사람입니다. '사랑하사', 사랑하시기 때문에 더 분명하게 복음을 전하셨습니다. 회개해서 천국에 들어가야 하니까요.

예수님의 목적은 오직 천국이었습니다. 천국에 들어가게 하시기 위해서 하나님의 뜻을 가감 없이 그대로 전하셨습니다. 오늘날은 전도를 하면 무조건 교회에 출석시키고, 등록시키고, 봉사시키는 데 목적이 있습니다. 그런데 이것은 종교기관이지 하나님의 교회가 아닙니다. 하나님의 교회는 예수님의 전도처럼 오직 복음을 명백하게 전함으로써 복음 안에서 회개하도록 해야 합니다. 그리고 복음을 믿음으로 천국 들어가는 진리를 붙들고 오늘을 살아가야 합니다.

미국 최고의 토크쇼 진행자라 불리는 바바라 월터스라는 유명한 여성이 있습니다. 어느 날 그녀는 자신의 쇼에 CNN을 설립한 언론 재벌인 테드 터너를 출연시키고 이렇게 질문했습니다. "당신같이 엄청난 부자가 된다면 어떤 느낌일까요?" 테드 터너는 이렇게 대답했습니다. "그것은 종이봉투 같다는 느낌입니다. 사람들은 모두 그 봉투를 갖고 싶어 합니다. 그런데 정작 그 봉투를 갖게 되면 그 안에 아무것도 없다는 사실을 깨닫게 됩니다."

그리스도인은 돈의 위험성을 알고, 예수님의 경고를 인식하며 오늘을 살아가야 합니다. 돈은 세상에서 모든 것을 다 할 수 있는 것 같지만, 그것이 장애가 되어서 결국에는 우리로 천국에 못 들어가게 만듭니다. 그만큼 위험한 요소입니다. 돈으로는 행복을 살 수도 없고, 영생을 얻을 수도 없습니다. 은혜와 진리를 깨달을 수도 없습니다. 오히려 돈에 의존하는 만큼, 돈을 자랑하는 만큼 하나님에게서 멀어집니다. 돈의 권세, 돈에 대한 탐심이 없어져야 깨끗한 마음으로 하나님의 말씀을 듣고, 예수님께 순종할 수 있습니다.

구원받은 그리스도인은 항상 예수님을 구주로 영접하고, 예수님께 순종하는 삶을 살아가는 사람입니다. 그래서 매일매일 예수님과 그의 말씀을 깊이 생각해야 합니다. 그렇지 않으면 또 세상의 돈에 끌리고, 탐심에 끌리고, 내 소원에 끌리게 됩니다. 그리고 계속 그것이 반복됩니다. 오직 예수님을 묵상할 때, 우리는 새로운 차원의 삶을 살게 됩니다. 즉시 그 순간 우리는 복음을 증거하게 됩니다. 이것은 내 안에 성령이 계시고, 예수 그리스도께서 계시기 때문입니다.

하나님의 부르심을 받은 자는 반드시 복음을 증거하며 오늘을 살아가게 됩니다. 만일 그렇지 못하다면 그는 부르심을 받은 사람이 아닙니다. 그는 아직 하나님의 부르심을 만홀히 여기는 사람입니다. 하나님이 나를 부르신 목적은 하나님의 복음을 이 세상 속에서 증거하도록 하시기 위함입니다. 그래서 그리스도인은 항상 하나님 나라를 묵상해야 합니다. 아침부터 저녁까지 항상 하나님 나라를 묵상해야 합니다. 내가 하나님의 은혜로, 하나님의 능력으로 값없이, 아무 공로 없이 믿음으로 천국 백성 되었다는 사실을 끝없이 기억하고 묵상함으로 하나님 나라를 증거하는 삶을 살아가야 합니다.

성도 여러분, 인간의 지식과 능력과 자랑과 열심으로는 천국에 들어가지 못합니다. 어느 누구도, 이런 청년도 못 들어갑니다. 오직 하나님의 능력과 은혜와 사랑과 진리를 믿음으로, 오직 믿음으로 하나님 나라의 백성이 됩니다. 이 놀라운 구원의 역사를 믿고, 고백하고, 깨닫고, 증거하는 자가 복 있는 사람입니다. 그렇게 하나님과 동행하며 살아갈 때 하나님께서 지혜를 주시고,

능력을 주시며, 그를 통하여 하나님의 뜻을 이루어나가십니다.

 기도

전지전능하신 하나님 아버지, 이 어두운 세상 속에서 돈의 권세에 눌려 살며, 돈에 대한 잘못된 인식 속에 돈을 성공의 기준으로, 행복의 기준으로 삼고, 소중한 시간과 은사와 기회를 허비하며, 하나님과 아무 상관 없는 자로 거침없이 살아가는 이 미련함을 주여, 불쌍히 여겨주시옵소서. 오직 복음 안에서 돈이 무엇인가를 알고, 부의 위험성을 알며, 천국 진리 안에서 하나님을 기뻐하며, 천국을 묵상하며, 이 일의 증인으로 승리하는 삶을 살아갈 수 있도록 우리와 함께하여주시옵소서. 이처럼 미천하고 어리석은 자이나 하나님의 부르심을 힘입어 주의 복음을 믿는 마음을 주시고, 깨닫게 하시고, 주의 말씀에 아멘으로 응답할 수 있는 용기를 허락하시어 날마다 회개함을 통하여 하나님의 자녀로 승리케 하신 주님께 모든 영광을 돌립니다. 우리 주 예수 그리스도의 이름으로 간절히 기도드리옵나이다. 아멘.

예수께서 전파하신 천국의 비밀

05

하나님의 나라에
가까운 자

서기관 중 한 사람이 그들이 변론하는 것을 듣고 예수께서 잘 대답하신 줄을 알고 나아와 묻되 모든 계명 중에 첫째가 무엇이니이까 예수께서 대답하시되 첫째는 이것이니 이스라엘아 들으라 주 곧 우리 하나님은 유일한 주시라 네 마음을 다하고 목숨을 다하고 뜻을 다하고 힘을 다하여 주 너의 하나님을 사랑하라 하신 것이요 둘째는 이것이니 네 이웃을 네 자신과 같이 사랑하라 하신 것이라 이보다 더 큰 계명이 없느니라 서기관이 이르되 선생님이여 옳소이다 하나님은 한 분이시요 그 외에 다른 이가 없다 하신 말씀이 참이니이다 또 마음을 다하고 지혜를 다하고 힘을 다하여 하나님을 사랑하는 것과 또 이웃을 자기 자신과 같이 사랑하는 것이 전체로 드리는 모든 번제물과 기타 제물보다 나으니이다 예수께서 그가 지혜 있게 대답함을 보시고 이르시되 네가 하나님의 나라에서 멀지 않도다 하시니 그 후에 감히 묻는 자가 없더라 **— 마가복음 12:28-34**

하나님의 나라에
가까운 자

현대 경영학의 아버지로 불리는 피터 드러커(Peter Druker)가 쓴 『경영의 실제』(*The practice of management*)라는 책에 소개된 교훈적인 이야기가 있습니다.

18세기 말, 영국의 총리였던 윌리엄 피트에 관한 이야기입니다. 당시 나폴레옹이 전쟁을 일으켜 온 유럽을 정복하고 있을 때, 영국은 외로이 그에 맞서 싸웠습니다. 그 암담했던 시기에 윌리엄 피트는 영국의 수상이 되었습니다. 그때 그의 나이는 45세였습니다. 그는 당시 영국의 군대를 이끌면서 강한 용기와 결단과 지도력을 발휘한 훌륭한 인물입니다. 부패한 시대에 그는 철저하게 정직했고, 개인적으로 청렴성을 잃지 않았습니다. 그러나 그는 애석하게도 2년 뒤인 47세에 세상을 떠나게 됩니다.

이제 죽게 된 윌리엄 피트가 천국에 갈 자격이 스스로 있다고 생각하며 천국 문 앞에 섰습니다. 천국 열쇠를 가진 베드로가 나타나 그에게 이렇게 질문합니다. "정치인인 당신이 이곳에 들어올 수 있는 자격이 있다고 생각한 이유가 도대체 무엇인가?" 윌리엄 피트는 자신에 대해서 말하기 시작합니다. "나는 뇌물을 받지 아니하였고, 죄와 타협하지 아니하였고, 비겁하게 살지 아니하였고, 살인하지 아니하였고, 첩들을 두지 아니하였고…."

이렇게 그는 계속 자기가 얼마나 도덕적인 사람인가를 설명해 나갔습니다. 이 이야기를 듣던 베드로는 지루해하다가 마침내 중단시키더니 다시 이렇게 물었답니다. "나는 당신이 세상에서 하지 않은 일에 대해서는 전혀 알 바가 없네. 당신이 세상에서 한 일들을 다시 말해보게. 천국에 들어올 만한 자격을 갖추고 있다고 할 만한 이유에 대해서 말하게. 당신은 도대체 무슨 자격으로 이곳에 왔는가?" 깊이 생각해보시기 바랍니다.

하나님의 선물 - 율법과 복음

성도 여러분, 예수님께서 이 땅에 오셔서 선포하신 복음은 오직 하나님 나라뿐입니다. 그래서 예수님의 마음과 생각은 온통 천국에 가 있었습니다. 예수님의 관점, 예수님의 세계관은 항상 천국, 하나님 나라입니다. 그러므로 그리스도를 본받는 것이 무엇입니까? 천국을 믿고, 천국의 관점으로 오늘을 살아가는 것입니다. 이것을 기억해야 합니다.

성경에 보면 하나님께서 역사를 통해 인류에게 주신 위대한 선물이 두 가지 있습니다. 첫째가 율법입니다. 이것은 십계명을 말합니다. 둘째는 복음입니다. 이것은 하나님 나라를 말합니다. 예수님이 이 땅에 오셔서 율법을 전하신 것이 아닙니다. 율법은 모세가 전했고, 그 이야기가 구약성경입니다. 예수님은 그 율법을 스스로 성취하시고 완성하신 후 우리에게는 복음, 즉 천국 복음을 선포하셨습니다. 그래서 그리스도인이 예수 그리스도를 믿는다는 것은 그분이 전하신 천국 복음을 믿고, 그 실재를 알며, 그 진리 안에서 생각하고 판단하면서 오늘을 살아가는 것입니다.

성도 여러분, 율법이 무엇입니까? 넓게는 구약성경 전체이고, 좁게는 십계명입니다. 이 율법에 대해서 성경은 이렇게 말씀합니다. '거룩하고 의롭고 선한 것이다.' 하나님께서 인류에게 선물로 주신 것이기 때문입니다. 그런데 세상 사람들은 이것을 믿지 않습니다. 그러니까 율법을 대신해서 다른 법들을 세우고, 그것을 지키며 살아갑니다. 심지어 교인들조차도 '나는 복음을 믿었으므로 율법은 나랑 상관없어!'라고 생각하며 무율법주의자가 되어

자기 마음대로 살아갑니다. 이것은 아주 많이 잘못된 것입니다. 율법의 목적은 구원에 있지 않습니다. 그 목적은 죄를 깨닫게 하고, 죄가 무엇인지를 알려주는 것입니다. 율법이 없으면 죄가 무엇인지 모릅니다. 그러나 율법에 의한 죄의 인식으로 말미암아 하나님께 나아와 기도하게 됩니다. 다시 말해 회개하게 됩니다.

이제 생각해보십시오. 살인하지 말라, 간음하지 말라, 도적질하지 말라, 탐심하지 말라 등 이 모든 율법이 내게 복음입니까, 아니면 무거운 짐입니까? 이것은 하나님께서 선물로 주신 것입니다. 그리고 이제 세상 속에서 살아가는 나의 삶을 생각해보십시오. 어느 상황에서 누군가가 나를 죽이려 합니다. 아무도 막을 수가 없습니다. 나는 지금 억울한데, 누군가 나를 죽이려 합니다. 그때 하나님께서 정신이 번쩍 나도록 그에게 말씀하십니다. '살인하지 마라. 반드시 죗값을 치르리라. 나는 심판하시는 하나님이다.'

이것은 내게 뭐가 됩니까? 큰 기쁨이 됩니다. 이처럼 이웃을 향해서 이러한 마음으로 살라는 것입니다. 세상의 법이 다 없어져도 됩니다. 하나님이 주신 십계명 하나만 잘 지키면 세상이 천국 됩니다. 그 율법의 정신이 무엇인지를 우리는 알아야 합니다.

중요한 것은 물론 문자에 나타난 그 계명 그대로의 의미도 있지만, 그 문자 속에 이 율법을 주신 하나님의 마음과 하나님의 의도입니다. 그것이 더 중요합니다. 그것이 바로 오늘 성경에 나타난 대로 이중 계명입니다. 첫째는 이것입니다. '온 마음과 뜻과 목숨을 다하여 하나님을 사랑하라.' 둘째는 이것입니다. '네 이웃을 네 자신과 같이 사랑하라.' 이것이 율법의 핵심이요, 하나님의 의도입니다.

말씀에 순종하는 삶

성도 여러분, 여러분은 이 말씀에 순종하며 살아갑니까? 이 말씀을 지키며 살아갑니까? 이것은 지키라고 주신 말씀이지, 깨달음을 위한 것이 아닙니다. 정말 온 마음을 다하여 하나님을 사랑하며, 내 이웃을 내 몸과 같이 사랑하느냐의 문제입니다. 오늘 실제 삶에서 이처럼 사느냐가 문제입니다. 정말 그렇다면 그 속에서 역사가 나타납니다. 죄가 무엇인지를 압니다. 항상 회개하는 마음을 갖게 됩니다. 이것이 율법의 목적입니다. '아, 나는 하나님 앞에 정말 작은 자로다!' 세상 앞에서야 나 정도면 칭찬도 받고 잘 사는 것 같지만, 하나님 앞에서 죄를 깨닫고 보니 너무도 작은 벌레 같은 존재가 되고 맙니다. 그래서 하나님의 긍휼을 구하며, 하나님 앞에 기도하게 됩니다. 이것이 그리스도인의 삶의 시작입니다. 그래서 율법을 주셨습니다.

미국 최대의 유통업체인 월마트를 아십니까? 이 회사의 창시자 샘 월튼의 이야기를 전해드리겠습니다. 이 사람은 부유한 가정에서 태어난 사람이 아닙니다. 돈도 별로 없었고, 학력도 별로였던 평범한 청년이었습니다. 그래서 여러 조그만 가게에서 점원으로 일을 시작했습니다. 그러면서 나름대로 경영에 대한 배움을 학교가 아니라 현장에서 깨닫게 됩니다.

그러다 어느 날, 사업을 하고 싶고 이제 어느 정도 준비가 되었다고 확신한 그는 다니던 곳에 사표를 내고 창업을 하게 됩니다. 그때 그는 주변 사람들에게 자신이 큰 사업을 할 것이라고 이야기하며 다녔습니다. 그는 자신의 경영철학과 계획이 획기적이었음을 확신했던 것입니다. 그런데 실제로 창업하려고 하니 현실적으로 자신이 너무나 초라함을 느꼈습니다. 자금도 없고, 능력도 없고, 경험도 충분하지 않고, 지식도 없고, 지혜도 없는 자신의 현실을 깨달았습니다.

그래서 우선 동네의 작은 구멍가게, 잡화상 하나를 인수했습니다. 가게를 차렸다는 말을 듣고 찾아온 그의 친구들은 작은 크기의 가게를 보더니 이렇게 놀렸습니다. "아니, 이게 뭔가? 큰 사업을 한다더니, 고작 요런 구멍가게를 냈단 말인가?" 하지만 그는 그런 비웃음에 개의치 않고, 성실하게 나름대로 계획을 구상해나갔습니다. 그 결과 오늘날 세계 최고의 유통업체인 월마트가 되었습니다. 그의 유명한 좌우명이 있습니다. '산을 옮기는 사람은 작은 돌멩이부터 옮긴다.' 작은 돌멩이부터 옮기는 실천을 통해서 거대한 산을 옮길 수 있다는 말입니다.

'우리가 하나님께 영광 돌리고 하나님의 일을 한다'라고 할 때, 그 시작은 율법부터입니다. 단순히 하나님을 사랑하고 이웃을 사랑하라는 말씀을 지키고자 하는 깨달음이 아닙니다. 지키고자 하는 마음을 삶에서 얼마나 지켰느냐 하는 것이 하나님의 질문입니다. 거기로부터 시작되는 것입니다. 매일매일 하나님이 주신 고귀한 율법을 선물로 받아들이고, 그 마음으로 순종하며 살아갈 때 항상 회개하는 마음이 생깁니다. 또 내가 누구인지를 알며, 하나님을 의지하며, 하나님께 긍휼을 구하면서 오늘을 살아가게 됩니다.

'하나님 나라에 가깝다'라는 말씀에 대한 오해

본문에서 참으로 특별한 예수님의 말씀이 우리에게 주어집니다. 한 서기관을 향해서 이렇게 말씀하십니다. "네가 하나님의 나라에서 멀지 않도다"(34절). 다시 말해서 '네가 하나님 나라에 가깝도다'라는 말씀입니다.

성경에서 보면 아주 명료하게 천국 진리를 말씀하십니다. 그래서 '천국에 들어가느냐, 안 들어가느냐?' 둘 중 하나입니다. '천국 안에 있느냐, 밖에 있느냐?', '천국 시민권을 가졌느냐, 못 가졌느냐?' 둘 중 하나지, 모호하게 말씀하신 적이 없습니다. '내가 하나님 나라에 들어가느냐, 못 들어가느냐?'이지, 중간지역은 없습니다. 그런데 오늘의 시대는 자꾸 중간을 만듭니다. 애매하고 모호하게 해서 이 교리를 무너뜨리려고 사탄이 역사하는 것입니다. 우리는 항상 '나는 하나님 나라 안에 있는 존재인가, 바깥에 있는 존재인가?' 하는 것을 알고 확신하며 이 사건 속에서 오늘을 살아가야 합니다.

"네가 하나님의 나라에서 멀지 않도다." 다시 말해서 가깝다는 것입니다. 이것이 무슨 뜻입니까? 이것은 의도된 말씀입니다. 가깝다는 말은 안에 있다는 말입니까, 바깥에 있다는 말입니까? 바깥에 있다는 말입니다. 이것을 안으로 착각하지 마십시오. 아무리 하나님 나라에 가까이 있어도, 아무리 근접해 있어도 그는 하나님 나라 바깥에 있는 것입니다.

다시 말해서 하나님 나라의 유익을 누리지 못합니다. 천국의 지혜와 약속과 영광과 복락을 누리지 못합니다. 가까운 것은 거듭나지 못한 것입니다. 누군가가 하나님 나라를 들었습니다. 믿기도 합니다. 그러나 그 삶이 하나님 나라와 아무 상관이 없다면 그것은 그냥 가까운 것에 지나지 않습니다.

오늘날 이런 착각 속에 살아가는 사람들이 참 많습니다. 내가 하나님 나라를 알고 찬송도 하지만, 정말 내가 하나님 나라 안에 있는 존재인지 바깥에 있는 존재인지를 생각해보십시오. 가깝다는 것은 아무 의미가 없습니다. 이것은 하나님 나라에 대한 오해요, 잘못입니다. 가까이 있다는 것은 안에 있다는 것이 아닙니다. 그 상태로 끝나버릴 수 있습니다.

오늘 본문에 등장하는 이 사람은 서기관입니다. 성경을 연구하는 학자이며, 참으로 진실하고 훌륭한 사람입니다. 다른 사람들은 예수님을 시험하려고 했는데, 이 사람은 그렇지 않았습니다. 그는 깨끗한 마음으로 예수님께 질문합니다. 어떤 사람은 부에 대한 탐심으로 가득한 상태이면서 "영생을 어떻게 얻겠습니까?" 하고 질문합니다. 그러나 이 사람은 그런 탐심이 있는 사람도 아닙니다. 그리고 이 사람은 율법의 핵심이 무엇인지를 알았던 사람입니다. 이것은 그가 하나님의 마음을 읽었다는 뜻입니다. '오직 여호와 하나님을 마음을 다하고 목숨을 다하여 섬기고, 사랑하고, 네 이웃을 너 자신과 같이 사랑하라.' 하나님의 의도를 깨달은 사람입니다. 그래서 예수님께서 칭찬하십니다.

성경에 보면 그가 지혜 있게 대답함을 보시고 예수님께서 말씀하십니다. "네가 하나님의 나라에서 멀지 않도다." 하지만 이는 그가 천국에 갔다는 뜻이 아닙니다. 멀지는 않은데, 아직 바같에 있다는 말입니다.

율법과 십계명은 하나님이 주신 선물이지만, 구원의 목적을 갖고 있지 않습니다. 그것은 천국을 알고 천국에 가까이 가게 합니다. 항상 죄를 깨닫고, 하나님께 회개하게 만듭니다. '어떻게 해야 천국에 들어갈 수 있고, 하나님의 자녀가 될 수 있는가?' 이 것을 깨닫게 하는 은혜의 방편입니다. 오늘날 세상 사람들은 율법을 믿지 않습니다. 더러는 교인임에도 불구하고 무율법주의로 살아갑니다. 이런 삶은 하나님 나라의 어디에 있는 것입니까? 이 것은 하나님 나라에서 멀리 있는 것입니다. 아주 멀리요. 율법을 깨닫고, 율법에 순종하는 마음이라도 있어야 하나님 나라에 가까이 오는 것인데, 이것은 너무 멀리 떨어져 있어서 영적으로 무지 무각합니다. 이런 상태를 하나님께서 우리에게 알려주십니다.

율법에 나타난 하나님의 마음

예수님은 지금 이 사람을 칭찬하고 계십니다. 하지만 구원받았다는 것이 아닙니다. '하나님 나라에서 멀지 않도다. 가깝도다.' 율법을 깨달았기 때문에, 율법의 유익을 그가 알고 살아갔기에 그것을 칭찬하셨습니다. 신약성경을 통해 그 당시 종교지도자들을 보면 참 민망할 정도로 한심합니다. 성경을 그렇게 가르치고 외웠지만, 그렇게 율법을 지키려고 애쓴 사람들이지만, 이 율법의 정신인 하나님의 마음을 읽지 못했습니다. 문자에는 매였지만, '아, 나는 살인하지 않아. 간음하지 않아. 도적질하지 않아. 그러니까 나는 하나님의 자녀야!' 하는 수준이지, 정말 온 마음을 다하여 하나님을 사랑하고, 내 이웃을 내 몸과 같이 사랑하는 것이 하나님이 주신 율법의 정신임을 알지 못했습니다. 그러다 보니 행위를 통해서 '나는 하나님의 자녀, 복을 받아야 한다.'라는 기복신앙에 빠지게 됩니다. 그리고 자꾸 하나님과 거래하게 됩니다. 또한 율법주의에 빠져서 다른 사람들이 율법을 지키지 못하고 어기면 비난하고 정죄합니다. 이것은 하나님 나라와 거리가 먼 모습입니다. 하나님 나라의 백성이 아니고, 단지 근처에 있는 것입니다.

반면 본문의 이 사람에 대하여 예수님께서는 참 기특해하셨습니다. 이런 사람도 있구나 하시며 칭찬하십니다. 그 말씀이 바로 '하나님 나라에 멀지 않았다'입니다. 그러나 이는 그가 구원받았다는 것이 아닙니다. 그럼 왜 이 사람은 구원받지 못한 것입니까? 성경을 통해서 그 답을 알고, 오늘 우리는 살아가야 합니다. 거기에 메시지가 있습니다.

'하나님 나라에 멀지 않다'라는 말씀의 의미

먼저 율법으로는 구원을 못 받습니다. 다시 한번 생각해보십시오. 온 마음과 정성과 목숨을 다하여 하나님을 사랑하고, 내이웃을 자기 자신과 같이 사랑하는 것을 매일 계속 지속해나갈 사람이 누구입니까? 지구상에 있습니까? 저나 여러분이나 누구도 할 수 없습니다. 율법은 깨달음을 위한 것이 아니라 지키기 위한 것인데, 거기에 순종하지 못한 것입니다. 그래서 율법이 정죄합니다. '의인은 없으되 하나도 없다.' 율법이 죄를 지적합니다. 율법을 믿는 자를, 그 마음을, 그 상태를 율법이 알려줍니다.

이 사람은 지키지 못했습니다. 그러니까 하나님 나라에 못 들어가고, 그냥 바깥에 있는 것입니다. 성도 여러분, 나의 관심, 나의 생각이 여기 있어야 합니다. 율법, 십계명을 생각할 때 '나는 지켰는가, 못 지켰는가?' 여기에 있어야 합니다. 하나님의 질문입니다. 로마서 2장 13절은 말씀합니다. "하나님 앞에서는 율법을 듣는 자가 의인이 아니요 오직 율법을 행하는 자라야 의롭다 하심을 얻으리니."

또 다른 이유는, 이 사람은 예수님이 누구인지 모르고 있습니다. 본문에 나타난 것처럼 예수님에 대해서 무지합니다. 예수님이 누구시며, 무슨 일을 하셨는지를 모릅니다. 그러니 천국에 못 들어갑니다. 예수님이 이 땅에 오신 이유가 무엇입니까? 성경에서 가장 간략하게 말한 선언이 이것입니다. '하나님의 진노로부터 구원받기 위하여.' 이미 하나님께서 율법을 주셨기에 그 율법 아래는 모두가 죄인입니다. 율법이 내가 얼마나 큰 죄인인지를 말해주고 있고, 내 양심을 깨우고 있습니다.

이웃 사랑에 대해서도 생각해보면, 어떤 때는 마음에 그런 생각이 전혀 없는 상태인 것을 율법이 깨우쳐줍니다. 이제 죄는 심판받는 것이 맞습니다. 그것이 공의입니다. 하나님의 공의입니다. 죄에 대한 하나님의 공의는 진노이자, 무서운 심판입니다. 그 진노로부터 구원하시기 위하여 하나님께서 그 아들 손에 복음을 주시고, 이 땅에 오시게 하셨습니다. 그것이 천국 복음입니다. 그런데 예수님이 구세주이시고 구주이신지도 모르고, 그가 전하신 복음을 알지도 못하고, 단지 율법적 세계관 안에만 있다면, 의롭고 칭찬받을 만한 사람일지는 모르나 천국에는 못 들어갑니다.

또 다른 이유로 그는 천국 들어가는 방식을 모릅니다. 율법을 지켜야 하는데, 지키지 못하면서 방식도 모릅니다. 구원에 이르는 방식이 무엇입니까? 오직 복음을 정말 믿음으로, 그 은혜를 믿음으로 구원에 이르게 됩니다. 내가 행한 것이 없습니다. 오직 십자가의 복음, 부활의 복음, 천국의 복음을 믿으므로 천국에 들어갑니다. 그 은혜를 우리는 기뻐하고 찬양합니다.

율법은 죄를 깨닫게 하지만, 은혜의 복음은 우리에게 힘을 주고, 소망을 주고, 위로를 줍니다. 이 사람은 율법에서는 의로운 사람이자 도덕적인 사람입니다. 칭찬받아 마땅하고, 예수님도 그를 칭찬해주셨습니다. 그러나 그는 천국에 못 들어갑니다. 단지 가까이 있을 뿐입니다. 그런데 자신이 그런 상태인지도 알지 못합니다.

성도 여러분, 내가 그리스도인이 되고 천국 백성이 된 것이 얼마나 위대한 하나님의 역사 속에 있는 것임을 항상 알며, 오늘을 살아가야 합니다.

복음에 집중하는 그리스도인의 삶

밀리언셀러인 『타이탄의 도구들』(*Tools of Titans*)이라는 유명한 책의 작가이면서 프린스턴 대학에서 기업가 정신을 강의하는 팀 페리스(Timothy Ferriss) 박사가 자신의 책에서 테니스 레슨에 대한 경험을 소개하는데, 우리에게 주는 메시지가 있습니다.

그는 몇 시간 동안 테니스 코트 한가운데 막대 빗자루를 세워 놓고 그 위에 수건을 올린 다음 그것을 맞추는 훈련을 했습니다. 계속 그것을 맞추는 연습을 하는데, 잘 맞지를 않습니다. 몇 시간을 해도 하나도 안 맞고, 팔만 아파지니까 화가 났습니다. 그때 코치가 조언합니다. "수건은 잊고, 눈앞에 있는 것을 봐요. 충격점에 집중하세요." 여기서 '충격점'이라는 것은 저 앞에 있는 목표가 아닙니다. 라켓으로 볼을 맞혀야 하니, 볼과 라켓이 접촉하는 지점을 뜻합니다.

쉽게 생각하면 이렇습니다. 테니스 경기에서 최고의 프로 선수들의 정지화면을 보면 아주 멋진 샷을 쳤을 때, 그 눈이 라켓과 볼이 만나는 그 지점에 딱 고정되는 것을 볼 수 있습니다. 하지만 초보들은 공이 날아가기 원하는 지점에만 신경을 쓰다 보니 헛스윙을 합니다. 공이 날아가는 목표지점에만 신경을 쓰던 페리스가 코치의 조언대로 눈앞의 충격점에 집중하자, 거의 모든 공이 그가 원하는 곳으로 날아갔습니다. 결국에 그는 수건을 맞추는 경험을 합니다.

그는 여기서 엄청난 지혜를 깨달았습니다. 그리고 말합니다. "거창한 계획만 세우고 구체적인 행동 없이 허황된 생각만 하는 것이 아니라, 담대한 계획을 세우고 그 목표를 가능하게 하는 작은 조각을 찾아라. 그 충격의 순간에 집중하는 것이 가장 중요하다."

성도 여러분, 그리스도인은 항상 복음이 '충격점'입니다. 복음을 믿고 이 복음에 집중함으로 우리는 새로운 차원의 삶을 오늘 살아가게 됩니다. 성경은 분명히 말씀합니다. 사탄의 역사가 이 것을 가로막습니다. 그러니 자꾸 세상으로 향하고, 세상에 관심을 두고, 세상 속에 자꾸 매이게 됩니다. 그 순간 이 고귀한 하나님 나라, 천국의 비밀은 없어지고, 약해지고, 작아집니다. 그러다 보면 이 세상 생각을 없앨 수 없어 두 마음을 갖게 됩니다. 세상도 적당히, 하나님 나라도 적당히 하는 식이 됩니다. 이것이 어떤 상태입니까? 천국에 가까이 있는 사람입니다. 하나님 나라에 멀지 않은 상태로 빠집니다. 이것이 항상 사탄의 유혹으로 우리에게 나타나는 현상입니다.

이것을 세속신앙이라고 합니다. 여기서 벗어나야 합니다. 정말 천국 시민권을 가진 자임을 믿어야 합니다. 모호하지 않습니다. 밖에 있느냐 안에 있느냐, 둘 중 하나입니다. 성령은 이것을 확증시켜주십니다. 예수님은 항상 이 마음을 갖고 사셨습니다. 항상 천국 비밀을 전하고, 천국을 증거하셨습니다. '이 사람이 천국 안에 있는 사람인가 밖에 있는 사람인가, 부르심을 받은 사람인가 못 받은 사람인가, 밖에 있다면 가까이 있는 사람인가 멀리 있는 사람인가?' 여기서부터 시작하셨습니다. 그래서 다양하게 성령의 지혜로 복음을 전하셨습니다.

그리스도인 우리 주님의 마음을 본받아 천국의 관점으로 오늘을 살아야 합니다. 매일매일 '나는 천국 안에 있는 사람인가 바깥에 있는 사람인가, 나는 내 이웃을 향하여 천국 안에 있는 사람인가 바깥에 있는 사람인가, 바깥에 있다면 멀리 율법을 모르는 사람인가 아니면 알고 지키려고 애쓰는 사람인가?'를 생각해야 합니다. 그 현실에 따라 천국 복음을 그들에게 전하며, 천국의 영광을 나타내며 살아가야 합니다. 이런 삶이 하나님께 영광 돌리는 삶입니다.

 기도

전지전능하신 하나님 아버지, 이 어둡고 혼탁하고 교묘한 세대 속에서 오직 천국 복음을 믿음으로 내가 누구인지 알게 하시고, 주의 은혜를 따라 영 주도적인 삶을 살며, 하나님의 영광을 나타내게 하심을 진심으로 감사드립니다. 이 세상 속에 휩쓸려 스스로 하나님 나라 주변에서 맴돌며, 스스로 착각하며, 천국 진리를 외면하고 오해하며 살아가는 불신앙의 삶을 항상 회개하게 하시고, 주의 계명 안에서 깨어 기도하게 하시고, 복음 안에서 위로와 소망과 힘과 능력을 얻어 주의 마음으로 복음의 증인으로 살게 인도하여주시옵소서. 우리 주변에는 너무도 많은 사람들이 천국에서 멀리 살아가고 있으며, 때로는 천국 가까이서 맴돌며 스스로 자족하는 어리석은 죄인들이 있사오니, 우리로 그들을 향하여 은혜의 복음, 천국 복음을 예수님과 같이 전하며 살아가는 주와 동행하는 삶을 살도록 일깨워주시고, 우리를 주의 길로 인도하여주시옵소서. 우리 주 예수 그리스도의 이름으로 간절히 기도드리옵나이다. 아멘.

예수께서 전파하신 천국의 비밀

06

의와 평강과
희락

하나님의 나라는 먹는 것과 마시는 것이 아니요 오직 성령 안에 있는 의와 평
강과 희락이라 — 로마서 14:17

의와 평강과 희락

한 교회에서 주일예배 때 있었던 일이라고 합니다. 한참 설교를 하시던 목사님이 성도들에게 이렇게 말했습니다. "지금 이 시간 천국에 가고 싶은 분은 즉시 일어나주시기 바랍니다." 그러자 모든 성도들이 함께 일어났습니다. 그런데 단 한 사람만이 그냥 자리에 앉아 있는 것이었습니다. 그래서 목사님이 다시 그 성도에게 물었습니다. "지금 이 시간 천국에 가기 싫으십니까?" 그랬더니 그 사람이 이렇게 대답했다고 합니다. "아니, 뭐 싫은 건 아닌데요, 지금 당장은 곤란합니다." 참 의미 있는 말입니다. 여러분은 지금 이 시간 천국에 가실 수 있겠습니까?

하나님 나라의 왕이신 예수 그리스도

성도 여러분, 예수님은 이 땅에 오셔서 오직 하나님 나라의 복음을 선포하셨습니다. 그분이 전하신 하나님의 말씀은 오직 하나님 나라임을 기억해야 합니다. 그래서 예수님께서 직접 자신을 계시하십니다. "나는 왕이다. 내가 왕이니라. 내가 하나님 나라의 왕이니라. 내가 이 일을 위하여 이 땅에 태어났고, 이 세상에 왔느니라."

이것을 항상 기억해야 합니다. 우리가 예수님을 구주로, 구세주로 믿고 고백한다는 것의 정확한 의미가 무엇입니까? 그것은 하나님 나라를 내가 믿는 것입니다. 그리고 그 나라의 왕이 예수님이시고 우리는 백성입니다. 그 왕의 말씀에 순종하고 따라갈 때 우리는 하나님 나라의 삶을 이 땅에서 살아가게 됩니다. '예수님께 거한다, 예수님과 함께한다'라는 말의 의미는 무엇입니까? 이건 추상적인 것이 아닙니다. 하나님 나라의 삶을 예수님과 함께하며, 예수님을 왕으로 경배하고, 찬송하며, 예수 그리스도 안에서 살아가는 것을 의미합니다.

그래서 그리스도인은 삶의 목적을 이 땅에 두어서는 안 됩니다. 그것이 때로는 중요하고 유익할 수 있으나, 이 땅에서의 성공과 행복이 삶의 목적이 되면 안 됩니다. 그것은 모든 세상 사람들의 소원일 뿐입니다. 새 사람 된, 구원받은 그리스도인의 삶의 목적은 하나님 나라여야 합니다. 그 하나님 나라를 소망하고 목적으로 삼을 때 구하지 아니한 것도 하나님께서 우리에게 주신다고 약속하십니다. 내 분복대로, 내 믿음의 분량대로 하나님께서 허락하십니다. 이것이 하나님의 약속입니다. 이 세상 모든 문제의 해결책이 하나님 나라, 그 복음 안에 있습니다. 하나님의 해결책이 바로 하나님 나라라는 것을 항상 인식하고, 깊이 묵상하며 오늘을 살아가야 합니다.

한 남자가 아주 극심한 고통을 겪고 있었습니다. 직면한 문제가 너무나 많았고, 그로 인한 스트레스가 너무 심했기 때문입니다. 그래서 고민 끝에 자기가 평소 존경하던 스승님을 찾아가 자신의 고민을 다 털어놓았습니다. 그때 스승님이 이 남자에게 갑자기 이렇게 말합니다. "너, 저기 가서 굵은 소금과 물 한 대접을 가져와라." 제자가 소금을 가져오자 스승님은 소금 한 줌을 그 그릇에 집어넣고 휘휘 저으며 말합니다. "이걸 마셔라." 그래서 제자는 마셨습니다.

그랬더니 그 스승님이 웃으면서 이렇게 묻더랍니다. "물맛이 어떠냐?" 제자는 인상을 팍 쓰면서 투덜거립니다. "너무 짭니다. 도저히 마시지 못하겠습니다." 그랬더니 스승님이 이번에는 옆에 있는 샘터에 소금을 집어넣고 휘휘 저은 다음 말합니다. "이

번에는 이 물 좀 마셔봐라." 마셨습니다. "물맛이 어떠냐?" "전혀 짜지 않습니다." 그때 스승이 남긴 말입니다. "문제는 소금이 아니다. 문제는 바로 그릇이다. 그릇을 크게 만들어라."

여기에 해결책이 있는 것입니다. 그리스도인이 예수 그리스도 안에서 오직 하나님 나라를 목적으로 삼고 소망하면 우리 마음이 새로워집니다. 이 땅에 매이지 않습니다. 마음이 커집니다. 초연한 마음을 갖게 됩니다.

하나님 나라의 정의와 본질

본문에는 하나님 나라의 구체적인 본질과 정의가 계시되어 있습니다. 누군가 우리에게 묻습니다. '하나님 나라가 무엇입니까?' 그 질문의 답이 본문에 있습니다. 또 묻습니다. '이 세상 속에서 하나님 나라를 어떻게 체험할 수 있습니까?' 그 질문의 답도 본문에 계시되어 있습니다. '무엇보다도 내 안에 하나님 나라의 역사가 일어남을 우리가 어떻게 인식하며 알 수 있는 것입니까?' 하나님께서는 그 질문의 답을 성경을 통하여 주셨습니다.

본문인 로마서 14장 17절의 말씀입니다. "하나님 나라는 먹는 것과 마시는 것이 아니요 오직 성령 안에 있는 의와 평강과 희락이라." 이 말씀을 깊이 묵상하며, 우리는 이 말씀 안에서 믿음으로 살아가야 합니다.

이 말씀은 당시 로마 교회에 편지로 기록된 말씀입니다. 누군가에 의해서 로마에 예수 그리스도가 전파되었습니다. 십자가와 부활이 말씀으로 증거되었습니다. 더욱이 예수님이 전하신 하나님 나라의 복음이 그들에게 충만히 선포되었습니다. 이제 그들이 믿음으로 함께 모였습니다. 그리고 로마 교회라는 것이 이루어졌는데, 시간이 흐르면서 이 복음이 변질되었습니다. 하나님 나라의 복음이 왜곡되기 시작했습니다. 영적으로 이것은 사탄의 역사입니다. 그러나 실제적으로는 그 교회 안에 있는 누군가에 의해서 이 다른 복음이 조금씩 전해졌습니다. 그것도 예수 그리스도의 이름으로요. 그러다 보니 결국 잘못된 신앙생활을 하게 되고, 교회 안에는 자꾸 다툼과 분쟁, 싸움이 있게 됩니다.

이제 성령께서 사도 바울을 통하여 그들에게 말씀하십니다. 이 문제를 어떻게 해결할 것인지 여러 권면의 말씀을 주십니다. 그리고 최종 해결책으로 주신 말씀이 바로 본문입니다. '하나님 나라는 그런 게 아니야. 교회는 그런 게 아니야. 그리스도인의 삶은 그런 게 아니야. 하나님 나라를 똑바로 알아라' 하고 명확하게 선포해주십니다.

오늘도 마찬가지입니다. 하나님 나라를 모르면, 하나님의 복음에 대해서 잘못 이해하면 신앙생활을 바로 할 수가 없습니다.

결국은 또 다른 문제가 생기고 걱정과 근심, 절망 속에서 불신자들과 똑같은 삶을 살아갈 수밖에 없습니다. 그 문제의 해결책은 성경 말씀이요, 궁극은 하나님 나라의 복음입니다. 우리는 그 복음을 믿음으로 하나님 나라의 백성이 됩니다.

이런 재미있는 이야기가 있습니다. 한 가정에서 사춘기에 접어든 말썽꾸러기가 가만히 있다가 아버지에게 느닷없이 물었습니다. "아빠, 나 입양됐어요?" 자녀가 심각하게 묻자 TV를 보고 있던 아버지가 이렇게 대답했답니다. "아니야. 절대 아니야. 그럴 리가 있니? 입양했다면 내가 너를 골랐을 리 없지 않겠니?"

우리가 잘났든 못났든, 성공했든 실패했든, 인격이 있든 없든 우리는 하나님 나라의 복음을 믿음으로 하나님 나라의 백성이 됩니다. 이 정체성을 잃어서는 안 됩니다. 교회의 선포와 교회의 교회됨은 오직 하나님 나라의 복음 안에 있습니다. 그렇지 않으면 항상 분쟁과 다툼이 있고, 무관심과 비난이 있을 뿐입니다.

하나님 나라는 먹는 것과 마시는 것이 아닙니다

그래서 오늘 성경은 말씀합니다. '하나님의 나라는 먹는 것과 마시는 것이 아니다.' 이것이 먼저 주신 말씀입니다. 우리는 '아니다'를 먼저 알아야 분별할 수 있습니다. 오늘 이 삶의 현실 속에서 그 '아니다'를 분명히 알아야 우리는 진짜 하나님 나라가 무엇인지를 분별할 수 있습니다. 더 이상 속지 않기 위해서, 유혹받지 않기 위해서는 '아니다'라는 것부터 알아야 합니다. 그래서 먼저 기록되었습니다. 비본질적인 것을 분별하여 본질에 집중하게 하려고 말씀합니다. '하나님 나라는 먹고 마시는 게 아니다.' 이것이 무슨 말입니까? 하나님 나라는 눈에 보이는 것도 아니요, 세상적인 것이 아니요, 물질적인 것이 아니라는 말입니다.

구체적으로는 로마 교회의 문제가 로마서 14장에 잘 기록되어 있습니다. 이것은 먹는 문제에 관한 것입니다. 특히 고기의 문제입니다. 오늘 상황에서는 이해가 안 되지만, 그 당시에는 냉장기술이 없었습니다. 소 한 마리 잡으면 일 년에 한 번 맛을 볼까 말까 한 상황입니다. 그런데 그 당시는 종교 다원주의 시대이고 수많은 종교와 우상이 있었는데, 우상에 바치는 제물로 이 고기가 쓰였습니다. 그리고 그것이 제사 후에 시장에 유통됩니다.

그런데 일반 사람으로는 어떤 것이 제물로 바쳐진 고기인지를 알 수가 없었습니다. 그런 시대 상황에서 이제 문제가 됩니다. 같은 교회 성도들끼리 이럽니다. "당신 우상 제물 고기 먹었지? 당신이 고기 사는 거 봤어. 먹는 거 봤어." 어떤 사람은 이럽니다. "아, 안 먹었어." 그리고 어떤 사람은 이럽니다. "그거 먹으면 어때? 하나님이 주신 것으로 알고 감사한 마음으로 먹으면 되지. 그것이 믿음이지, 무슨 그런 율법적 관점에서 해석을 하나." 이러면서 서로 옳음의 문제로 다투었습니다. 어찌 보면 다들 일리 있는 말입니다.

본문은 말씀합니다. '먹고 마시는 것이 아니다. 이런 비본질적인 것이 아니다.' 물론 그런 것이 중요할 때가 있지만, 하나님 나라는 그런 것이 아닙니다. 이런 율법적 시각으로 자신의 옳음을 판단하지 말라는 말씀입니다. 모든 것이 하나님께서 주신 선한 것입니다. 감사한 마음으로 먹으면 문제가 안 됩니다. 그러나 믿음이 약한 사람은 이것으로 시험받고 또 어떤 사람은 이것 때문에 유혹받습니다. 사실 이것은 비본질인데, 이것이 본질이 되어 버립니다.

성도 여러분, 하나님 나라는 경제문제도, 환경문제도 아닙니다. 그것이 중요하지 않다는 것이 아니라, 본질이 아니라는 것입니다. 하나님 나라의 백성이 되었다고, 예수 잘 믿는다고 하나님께서 부와 건강과 성공을 약속하시는 것이 아닙니다. 그것이 필요 없다는 것이 아니라, 그것이 약속이 아니라는 것입니다. 정치문제도 아니요, 사회나 문화 또 제도의 문제도 아닙니다. 하나님 나라를 잘못 이해하면 자꾸 세상을 바꾸려고 하고, 세상을 개선하고 개혁하려고 운동을 합니다. 오늘도 교회가 그런 일을 하고, 많은 목회자와 그리스도인들이 그런 일을 합니다. 이것은 하나님 나라를 몰라서 그런 것입니다. 그 안에서는 다툼과 싸움이 있을 수밖에 없습니다. 그것이 아무리 좋다 하더라도 이것은 본질이 아닙니다.

예수님께로 돌아가십시오. 예수님 당시의 노예제도는 세상에서 가장 악한 제도였습니다. 그런데 예수님은 그것을 언급하지 않으셨습니다. 그것을 폐지하려고 운동하지 않으셨습니다. 능히 하실 수 있는 분인데도 그것이 비본질이었기 때문에 하지 않으셨습니다. 경제문제, 정치문제가 다 비본질적인 것입니다. 예수님은 하나님 나라라는 더 중요한 것을 이 땅에 선포하시고 나타내시기 위하여 오신 분입니다. 하나님 나라의 가장 큰 적은 세상과 종교입니다. 종교는 항상 도덕적이고, 윤리적 가르침에 기초합니다. 이런 세상의 상식과 종교적 교훈이 교회로 들어오면 조금씩 복음이 파손됩니다. 여기서 문제가 생깁니다.

그래서 예수님께서 마태복음 23장 24절에서 그 당시 종교지도자들을 향해서 이렇게 말씀하셨습니다. "맹인 된 인도자여, 하루살이는 걸러 내고 낙타는 삼키는도다." 열심히 성경을 보고, 가르치고, 하나님의 일을 하고, 안식일과 율법을 지키고, 경건한 생을 따라가지만, 경건한 모양만 있고 능력은 없습니다. 비본질은 힘쓰는데, 본질이 없습니다. 하루살이는 지키는데, 낙타는 잊어버렸습니다. 작은 것에 매여서 옳고 그름을 따지는데, 큰 것을 잃어버렸습니다. 이런 역사가 교회 안에, 기독교 안에, 우리 안에 계속 벌어집니다.

한국뿐만 아니라, 기독교 역사를 보면 제일 문제가 되는 것이 술과 담배, 그리고 제도입니다. 한국처럼 여러 교단으로 갈라진 것은 참 보기 드문 일입니다. 그런데 왜 갈라졌습니까? 이 하루살이 때문에, 비본질 때문에, 술 담배 제도 때문에 피 튀기면서 갈라졌습니다. 어떻게 하나님의 교회를 이렇게 쪼개놓을 수 있습니까? 하나님 나라는 온데간데없습니다. 하나님의 복음도 온데간데없습니다. 자꾸 눈앞에 보이는 현실적 문제들이 본질이 되어버려서 갈등하고 싸우는 것입니다. 바로 이러한 일들이 초대교회에도 있었던 것입니다. 그래서 성경은 선포합니다. '하나님 나라는 먹고 마시는 게 아니다. 세상적인 것이 아니다. 물질적인 것이 아니다.'

하나님 나라는 오직 성령 안에 있는 의와 평강과 희락입니다

그리고 참 본질에 대해서 성경은 말씀합니다. '하나님 나라는 오직 성령 안에 있는 의와 평강과 희락이라.' 이 말씀을 계속 반복하면서 묵상하셔야 합니다. '하나님의 나라는 오직 성령 안에

서 의와 평강과 희락이라.'

의와 평강과 희락은 인류의 소원입니다. 이를 구하고자 합니다. 이것이 행복이요, 삶의 진정한 의미입니다. 그런데 이 세 가지는 선물로 주어집니다. 은혜로 주시는 것이지 획득하는 것이 아닙니다. 세상과 종교는 열심히, 착하게, 경건하게 살아서 이것을 획득하려고 합니다. 그러나 성경은 선물로 주시겠다고 말씀합니다. 또한 이 세 가지는 함께 주어집니다. 자신이 원하는 어느한 가지만 취사선택하는 것처럼 받는 것이 아닙니다. 함께 주어집니다.

동시에 여기에는 질서가 있고, 우선순위가 있습니다. 제일 먼저가 의입니다. 의를 얻어야 그 다음에 평강이 옵니다. 그리고 기쁨이 옵니다. 예수님께서도 말씀하시지 않습니까? '너희는 먼저 하나님 나라와 그의 의를 구하라.' 이것은 하나님의 절대 법칙이자, 은혜를 주시는 자의 우선순위입니다.

먼저 의입니다. 의는 인간의 의가 아닙니다. 각자의 옳음이 아닙니다. 이것은 하나님의 의를 말합니다. 무엇보다 분명한 것은 하나님 나라의 의가 없으면 하나님 나라에 들어갈 수가 없습니다. '불의한 자는 하나님 나라에 들어갈 수가 없느니라.' 하나님의 의 안에서, 거룩하신 하나님 앞에서 각자의 옳음을 살펴보십시오. 모두가 그 앞에서는 죄인입니다. 여기로부터 해결책이 있습니다. 교회 안에 정말 나쁜 사람이 있고 아닌 사람도 있지만, 하나님 나라를 생각하면서 하나님의 의 앞에서 생각하면 다 똑같은 죄인입니다. 하나님 보시기에 의인은 하나도 없습니다.

무엇보다도 하나님의 의는 예수 그리스도 안에 나타난 십자가를 통해서만 얻을 수 있습니다. 오직 예수님의 피 흘림, 십자가의 역사 안에 하나님의 의가 나타났다고 성경은 말씀합니다. 이것이 복음입니다. '복음에는 하나님의 의가 나타났다.' 이것은 굉장한 선언입니다. 그 의를 오직 믿음으로 내가 받습니다. 이것을 신학적으로 '전가된 의'라고 말합니다. 내가 노력해서 만든 내재된 의가 아니라, 십자가에 나타난 하나님의 의가 믿음으로 내게 전가되었습니다. 이렇게 하나님께서 약속하시고, 선물로 주십니다.

그리고 이제 믿음으로 그 의를 내가 받았을 때, 우리는 자유를 경험합니다. 죄의 속박에서부터, 세상으로부터, 사망의 권세로부터 자유롭게 됩니다. 그래서 불신자들을 향하여, 특별히 타인들을 향하여 긍휼한 마음을 갖게 됩니다. 하나님의 긍휼로, 은혜로 의롭다 칭함을 받고, 하나님 나라의 백성이 되었습니다. 이제는 인간의 의를 가지고 더 이상 정죄하지 못합니다. 오히려 하나님의 의를 나타내기 위해서 내가 받은 하나님의 은혜와 긍휼을 그들에게 전하고 증거합니다. 여기에 오늘 문제의 해결점이 있다는 것을 성경은 우리에게 알려주고 있습니다.

그 다음은 평강입니다. 이것은 화평, 또는 평안을 말합니다. 이 또한 세상으로부터 온 것이 아닙니다. 평안한 환경, 물질적으로 좋은 유익이나 소유가 주는 안정감 같은 것을 말하는 것이 아닙니다. 이런 것은 하나님 나라가 아닙니다. 여기에서 말씀하는 평강은 하나님께로부터 오는 평강입니다.

이제 한번 자신에게 질문해보십시오. '왜 나는 안정된 집에 있고, 행복할 만한 소유가 있는데도 불구하고 불안하고, 염려와 근심 속에 살아가는가?' 답은 하나입니다. 내 마음에 평강이 없기 때문입니다. '왜 나는 조급하고 쉽게 분노하나요?' 내 마음에 평강이 없기 때문입니다. '왜 나는 낙심하고 절망하며 후회하며 탄식합니까?' 마음에 평강이 없어서입니다.

예수님께서 요한복음 14장 27절에서 말씀하십니다. "나의 평안을 너희에게 주노라." 그런데 이때는 예수님께서 십자가를 지시기 직전입니다. 십자가의 피 흘림과 고통, 죽음을 직면하시면서 예수님께서는 제자들에게 말씀하십니다. 벌벌 떨면서 두려워하며 낙심하는 그들에게 말씀하십니다. "나의 평안을 너희에게 주노라." 이것이 기독교입니다. 예수님은 그 평강을 누리고 계셨습니다. 하나님 나라의 왕으로 하나님 나라의 삶을 지금 살고 계시니까 성령께서 주신 평강을 누리셨습니다. 그래서 말씀하십니다. "나의 평안을 너희에게 주노라."

또한 희락이 있습니다. 기쁨을 말합니다. 이 또한 세상에서 주는 기쁨이 아닙니다. 부와 건강과 성공으로 얻어지는 게 아닙니다. 가끔가다 보면 하나님의 은혜로 땅을 샀더니 두 배가 되었다든지, 주식을 했더니 몇 배로 뛰었다든지 말하는 그리스도인이 있는데, 이것은 그리스도인의 말이라고 할 수 없습니다. 이런 것으로 너무 기뻐한다면, 그 사람은 아직 하나님 나라의 기쁨을 맛보지 못한 것입니다. 또는 긍정적인 생각을 이야기하면서 좋은 말을 하라든지, 자꾸 좋게 긍정적으로 생각하라든지 이야기합니다. 이런 것들이 약간의 유익은 될지 모르지만, 진정한 기쁨은 아닙니다. 진정한 희락은 본문의 말씀대로 하나님 나라가 주는 기쁨입니다. 더 정확히 말하면 의와 평강이 주는 기쁨입니다.

의가 먼저 오고 내 마음에 평안이 있을 때, 하나님의 기쁨이 내게 임합니다. 그래서 구원받은 그리스도인은 먼저 예수님의 십자가 앞에서 기뻐합니다. 왜냐하면 나 같은 구제 불능한 죄인이 죄 사함을 받는 순간이니까요. 그 약속을 믿음으로, 그 의가 내게 옴으로 마음의 평강과 함께 기쁨이 임하는 것입니다. 하나님 나라를 믿을 때, 나 같은 불의한 자가 정말 하나님 나라의 백성이 되었다니 얼마나 기쁩니까? 하나님 나라의 그 약속, 기업, 영광을 정말 내가 믿으면 얼마나 기쁘겠습니까? 그러한 기쁨을 성경은 말씀합니다.

하나님 나라 안에서 누리는 의와 평강과 희락

성도 여러분, 이 편지를 쓴 사도 바울을 한번 생각해보십시오. 수많은 핍박과 고통, 시련 속에서 살아갑니다. 감옥에 갇혀서 매를 맞고, 죽음의 길을 수없이 겪습니다. 그러나 그는 말합니다. '하나님 나라는 의와 평강과 희락이라.' 사도 바울은 이것을 체험하고 깨달았기에 감옥에서조차도 찬송합니다. 하나님 나라 안에 그가 있기 때문입니다. 그 의와 평강과 기쁨이 바울 안에 있습니다. 그것을 명백하게 이해하고 지금 체험합니다. 그것을 증거합니다. 그래서 그는 말씀합니다. '항상 기뻐하라. 항상 기뻐하라. 내가 기뻐하니 너희도 항상 기뻐하라.' 얼마나 권세 있습니까!

18세기 영국의 위대한 성서학자인 메튜 헨리는 많은 사람들에게 존경받는 목회자입니다. 그분이 어느 날 중요한 물건을 몽땅 도둑맞는 사건이 있었습니다. 그는 이 사건을 놓고 고민을 하다가 답을 얻어 그날 밤 이렇게 일기를 씁니다.

'첫째, 이전에 한 번도 도둑을 맞지 않은 것에 감사합니다. 둘째, 도둑들이 내 가방을 가져갔지만, 내 생명을 빼앗아가지 않은 것에 감사합니다. 셋째, 내 모든 재산을 가져갔지만, 다행히 많

지 않았기에 감사합니다. 넷째, 다른 사람이 아닌 내가 이 일을 당했기에 감사합니다.'

그는 세상의 수많은 문제 속에서 하나님 나라의 삶을 누리고 있었습니다. 이 모든 역사는 오직 성령의 역사 안에서만 이루어집니다. 오직 성령의 역사 안에서만 하나님 나라에 들어갈 수 있고, 그 나라의 의와 평강과 희락을 깨달을 수 있으며 인식하고 누릴 수 있습니다. 또한 증거할 수 있습니다. 우리가 예수 그리스도 안에서 하나님 나라를 목적으로 삼고 소망한다면 성령께서 은혜의 선물로 우리에게 이 모든 것을 주십니다. 그 순간 우리의 마음과 생각이 커집니다. 예수님의 마음과 생각으로 변화되어 오늘의 문제에 대한 해결점을 찾게 됩니다.

성도 여러분, 교회와 기독교는 이 복음이 전파되고, 의와 평강과 희락이 충만히 나타나며, 이해되고 경험되는 곳입니다. 이것이 교회의 본질입니다. 그래서 성령께서 로마 교회를 향하여 말씀하십니다. '하나님 나라는 먹고 마시는 그런 세상적이고 물질적인 것이 아니다. 하나님 나라는 오직 성령 안에 있는 의와 평강과 희락이니라.'

성도 여러분, 나에게 이런 놀라운 하나님 나라의 역사가 나타나고 있습니까? 의와 평강과 희락을 깨닫고, 체험하며, 누리고 있습니까? 그렇다면 그 사람은 정말 하나님 나라를 기뻐하고, 예수 그리스도의 사람으로, 성령의 사람으로 찬양하며 오늘을 살아갑니다. 그러나 그렇지 않다면 즉시 깨어 기도하며 복음 안에서 회개하고 간구해야 합니다. '성령이시여, 복음을 믿게 하시고, 하나님 나라에 집중케 하시며 하나님 나라의 의와 평강과 희락을 깨닫고 체험하는 은총적 삶을 갖게 허락하여주소서.' 그 외에는 다른 길이 없기 때문입니다.

구원받은 하나님 나라의 백성은, 하나님의 자녀는 하나님 나라를 인식하며, 의와 평강과 희락을 체험하며 증거하는 하나님의 자녀입니다. 이 삶만이 하나님께 영광 돌리는 삶이 됩니다.

 기도

전지전능하신 하나님 아버지, 이 어두운 세상에 불의한 자로 후회와 낙심과 절망과 염려와 두려움 속에서 반복된 삶을 살아가고 있지만, 예수 그리스도 안에서 하나님 나라의 복음을 믿음으로 하나님 나라를 영접케 하시고, 믿게 하시사 성령의 역사 속에서 의와 평강과 희락을 깨닫고, 체험케 하심에 진심으로 감사드립니다. 주께서 부르시는 그날까지 오직 성령의 역사 안에서 이 놀라운 천국 보화가 우리 안에 나타나며, 이 일을 기뻐하며, 하나님 나라의 증인으로 하나님께 영광 돌리는 삶을 살아갈 수 있도록 우리를 지켜주시옵소서. 우리 주 예수 그리스도의 이름으로 간절히 기도드리옵나이다. 아멘.

예수께서 전파하신 천국의 비밀

07

내가 너희를
쉬게 하리라

수고하고 무거운 짐 진 자들아 다 내게로 오라 내가 너희를 쉬게 하리라 나는 마음이 온유하고 겸손하니 나의 멍에를 메고 내게 배우라 그리하면 너희 마음이 쉼을 얻으리니 이는 내 멍에는 쉽고 내 짐은 가벼움이라 하시니라

— 마태복음 11:28-30

07

내가 너희를
쉬게 하리라

위대한 신학자이며 하나님의 사람인 아우구스티누스가 쓴 『고백록』(*Confessiones*)의 제1권 제1장에 기록된 그의 신앙고백을 보면 다음과 같습니다. "하나님께서 우리를 지으실 때 당신을 향하여 살 수 있도록 창조하셨기에 당신 안에서 쉴 때까지 우리 마음은 온전히 쉴 수가 없습니다. 오직 하나님 안에서만 참 안식을 누릴 수 있고, 하나님 밖에서는 그와 같은 안식을 가질 수 없음을 고백하는 것입니다." 성도 여러분, 여러분은 세상 속에서 이런 신앙고백을 하며 오늘을 살아가십니까?

참된 안식을 잃은 현대인

러시아의 대문호 톨스토이는 기독교가 인류를 억압하는 하나의 종교시스템이며 자유를 억압하는 짐이라고 오해하여 신앙에서 떠났던 긴 시간이 있었습니다. 그러나 그의 나이 55세 되던 해에 예수 그리스도를 인격적으로 만나고 믿음으로 다시 돌아오게 됩니다. 그리고 그 후 얻게 된 마음의 참 안식에 대하여 그의 책 『신앙론』에서 이렇게 고백하고 있습니다. "나는 내 인생 55년 동안 어린 시절인 15년의 소년기를 제외하고는 안식을 누리지 못하고 살아왔다. 내 나이 18세 되던 해에 친구가 내게 찾아와 '신이 인간을 만든 것이 아니라, 인간이 신을 만든 것'이라고 한 말에 설득되어서 나는 어릴 적부터 믿어온 그리스도를 믿는 신앙에서 떠났다. 그 당시에 나는 종교를 포기한 것이 자유를 얻는 길이라고 생각했다. 내게 종교는 속박 그 이상이 아닌 것으로 생각되었기 때문이다. 그러나 이제 내 나이 55세, 나는 내가 스스로 버린 어머니 같은 품으로 돌아왔다. 나는 단순히 종교로 돌아온 것이 아니다. 나의 구주인 예수 그리스도께로 돌아온 것이다. 그리고 나는 그 안에서 처음으로 참된 안식을 발견한 것이다."

성도 여러분, 기독교 안에서의 안식이란 쉼과 평강과 행복의 상태를 의미합니다. 이 세상 속에서 인류는 안식을 위해 쉼과 평강과 행복을 목표로 열심히 살아가고 있습니다. 그런데 이 세상 속에서는 어느 누구도 그 안식을 누리지 못합니다. 이것이 인간의 실존이요, 이것이 바로 비참한 상태에 놓인 인류의 현주소입니다. 그런데 그것을 알지 못합니다. 인간의 타락으로 말미암아 안식을 잃었습니다. 마음의 평강, 마음의 행복, 그 상태를 잃어버렸습니다.

성경에 기록된 에덴동산 사건이 바로 그것을 계시합니다. 하나님과 함께하며 하나님의 안식을 누렸던 에덴동산에서 죄를 짓고 추방됩니다. 그때로부터 참 안식을 잃은 상태에 놓여 끝없는 근심과 낙심과 절망, 두려움 속에서 살아가게 됩니다. 그것이 오늘 인간의 모습입니다.

그런데 인간은 포기하거나 회개하지 않고, 계속해서 부와 건강과 성공과 좋은 환경을 통하여 참된 안식을 얻을 수 있다고 믿고 살아갑니다. 하지만 그 안식은 잠시뿐입니다. 지속적이지 못하다는 것을 알면서도 계속 반복하며 살아갑니다. 그럼에도 불구하고 인간은 자신의 힘과 능력으로 이 세상 속에서 성공을 통하여 평강과 행복을 누릴 수 있다고 믿고 살아갑니다. 이것이 속고 사는 인생입니다. 헛된 소망에 이끌린 인류의 상태를 의미합니다.

현대인의 삶에는 두드러진 점 두 가지가 있습니다. 하나가 바쁨이고, 또 하나가 염려입니다. 한마디로 안식 없는 삶을 말합니다. 그래서 모두가 지치고 피곤합니다. 스트레스가 엄청납니다. 안식 없는 삶이 그와 같습니다. 모든 것이 빨리빨리 되어야만 효율적이라고 생각하는 이 사고방식이 그 삶을 망칩니다.

또한 대부분의 시간을 우리는 근심과 염려 속에 허비하고 살아갑니다. 지나간 시간과 세월들을 생각해보십시오. 대부분의 시간을 근심과 염려와 걱정 속에 살았습니다. 오늘날 한 보고서에 의하면 4%만이 실제로 일어난 일인데, 일어나지 않을 일들도 계속 걱정하면서 염려 속에서 살아간다고 합니다. 이는 곧 안식을 잃은 인생을 의미합니다.

이런 재미있는 이야기가 있습니다. 의사인 한 남자가 오래간만에 친구를 만나서 대화 중에 이렇게 물었습니다. "자네, 세상에서 제일 바쁜 직업이 뭔지 아나?" "그야 자네 직업인 의사지." 이 말에 의사가 이렇게 말했습니다. "아니야. 요즘은 더 바쁜 직업이 생겼어." "그게 무슨 직업인데?" "내가 오늘 진찰하던 초등학생 환자에게 내일 다시 오라고 말했거든. 그런데 그 아이가 학원 때문에 너무 바빠서 이번 주에 못 온대. 다음 주에 온다고 그러더라고."

요즘은 어린이로부터 어른까지 모두 다 정신없이 바쁩니다. 늙어서 움직이지 못할 때까지 이렇게 바쁘게, 지치게 살아갑니다. 안식이 없습니다.

하나님이 주시는 참된 안식

시편 29편 11절에 있는 하나님의 말씀입니다. "여호와께서 자기 백성에게 힘을 주심이여 여호와께서 자기 백성에게 평강의 복을 주시리로다." 하나님께서 평강의 행복을 주신다는 말씀입니다. 또한 이사야 48장 22절은 말씀합니다. "여호와께서 말씀하시되 악인에게는 평강이 없다 하셨느니라." 성경에 나오는 악인이란 하나님을 떠난 사람을 말합니다. 불신자를 말합니다. '불신자에게는 결코 안식이 없으리라.' 하나님의 말씀입니다.

잘 생각해보십시오. 참 안식과 마음의 행복과 평강의 이 상태는 하나님으로부터 옵니다. 참 안식은 하나님께 속합니다. 하나님께서 안식을 주시지 않으면 어느 누구도 그 안식을 얻을 수 없습니다.

성도 여러분, 그리스도인의 믿음이란 바로 이런 것입니다. 이 말씀을 그대로 믿습니다. '하나님께서 부르시고 택하신 천국 백성에게는 참된 안식을 주시고, 그렇지 못한 자는 아무리 안식을 구하고, 그것을 목표로 살아도 얻지 못한다.' 이것이 하나님의 말씀이요, 우리의 믿음은 바로 여기에 있습니다.

이스라엘의 죄를 한번 생각해보십시오. 신구약에 가득 나와 있습니다. 안식의 관점에서 보면 아주 명료해집니다. 이스라엘 백성은 하나님 안에서 안식을 누리는 것보다 세상에서의 안식을 더 즐거워했습니다. 하나님보다 세상 속에서의 안식을 복이라고 생각하고, 이것이 가능하다고 생각했습니다. 다른 사람들도 아니고, 이스라엘 백성이 그랬습니다. 특별히 그들은 메시아를 기다렸습니다. 메시아를 기다리며 하나님을 찬송했는데, 왜 기다렸습니까? 세상 속에서 안식을 누리기 위해서입니다. 세상의 번영, 이 땅의 번영을 통해서 안식을 누리고 행복하자, 잘 살자 하는 것은 불신앙입니다. 오늘 우리의 삶은 어떻습니까? 그리스도인이라고 하면서도 똑같은 모습으로, 또 세상에 속해서 원망과 불평과 절망 속에 살아갑니다. 안식 없는 인생을 살아가고 있습니다. 이것을 알아야 합니다.

수고하고 무거운 짐을 진 세상

본문에서 위대한 복음인 예수님의 말씀이 우리에게 선포됩니다. "수고하고 무거운 짐 진 자들아 다 내게로 오라 내가 너희를 쉬게 하리라"(28절). 참으로 유명한 말씀입니다. 이것이 무슨 뜻입니까? 지금 예수님께서 세상을 정의하고 계십니다. "수고하고 무거운 짐 진 자들아." 이 세상이 바로 그렇습니다. 항상 무거운 짐을 지고 수고하며 살아야 합니다. 그래서 바쁘게 염려 속에서 지친 상태로 많은 스트레스를 받으며 살아갈 수밖에 없습니다. 세상은 그런 곳입니다. 그리고 그 세상 속에서 예수님께서 말씀하십니다. "다 내게로 오라 내가 너희를 쉬게 하리라." 이것은 안식을 주시겠다는 말씀입니다. '내가 너희에게 안식을 주마. 이 세상에는 안식이 없는데, 내가 네게 안식을 주마.' 왕이신 예수님의 위대한 선포입니다.

이 세상에서의 안식을 한번 생각해보십시오. 어떻게 해야 얻을 수 있습니까? 쉼과 평강과 행복은 저절로 오는 것이 아닙니다. 비싼 대가를 치러야 합니다. 기본적으로 돈을 많이 써야 합니다. 그래야 얻을 수 있습니다. 많은 희생을 치러야 얻을 수 있습니다. 많은 사람들이 성공을 원합니다. 왜냐하면 안식하기 위해서입니다. 평안하고 행복하게 살기 위해서입니다. 이 성공의 대가가 얼마나 큽니까? 엄청난 시간과 노력과 인생을 바쳐야 얻을 수 있을까 말까인데, 그 성공을 얻어 본들 안식할 수 있습니까? 그래서 세상에 속고 산다는 것입니다. 실제 그 성공을 통해서 기쁨과 만족과 행복을 누렸지만, 이것은 잠시뿐입니다. 이것이 지속되어야 하는데, 내 생각과 다릅니다. 그래서 나이 들어 후회합니다.

예수님께서 주신 약속의 말씀은 차원이 다릅니다. '안식을 주노라. 네게 쉼을 주노라.' 약속하십니다. 이것은 선물입니다. 우리는 대가를 치를 필요가 없습니다. 주의 복음을 믿고, 정말 예수님께서 내게 구주가 되시기에 은혜로 말미암아 믿음으로 얻는 선물입니다.

또한 이것은 잠시 있다가 사라지는 것이 아니라, 지속적입니다. 영원한 약속이자, 영원한 안식을 말씀합니다. 무엇보다 중요한 것은 안식이 영적인 것이라는 점입니다. 마음의 안식을 말합니다. 그러나 심리적인 것은 아닙니다. 마음속으로 계속해서 '나는 쉴 거다, 쉴 거다, 안식할 거다'라고 매일 해봐야 소용없습니다. 그런 얘기를 하는 것이 아닙니다. 또한 깨달음도 아닙니다. 물론 깨달음을 통해서 잠시 잠깐 안식을 누릴 수는 있습니다. 이것은 지적인 안식입니다. 그러나 사건 앞에 금방 무너지고 맙니다.

예수님이 말씀하신 것은 영혼의 안식입니다. 영적 안식으로 말미암아 우리의 마음에 평강과 행복의 상태를 유지할 수 있는 것입니다. 온전한 안식은 한마디로 몸과 영혼의 안식인데, 이 세상 속에서는 없습니다. 그것은 죽어 부활하여 천국에서 누릴 것입니다. 이 세상에서 말씀하신 것은 그런 것이 아닙니다.

예수님 당시로 돌아가 보십시오. 예수님의 삶과 예수님의 제자들을 생각해보십시오. 예수님 자신도 정치적 해방을 누리지 못하셨습니다. 경제적 안정과 번영, 육체적 건강과 장수를 말하는 것도 아닙니다. 세례 요한은 순교했고, 예수님도 십자가를 지시고 죽으셨습니다. 사도들도 다 박해받아 순교했습니다. 초대교회 그리스도인들도 엄청난 핍박 속에서 고통받고 살았습니다. 하지만 이들에게는 공통점이 하나 있습니다. 그들 모두가 안식을 누렸다는 것입니다. 그 환난 속에서도 안식을 누렸습니다. 안식을 누리며, 하나님을 찬양하며, 하나님께 순종하는 삶을 살았습니다. 그 안식을 말합니다.

천국 백성에게 허락된 안식

예수님께서 말씀하십니다. '다 내게로 오라. 내가 너희를 쉬게 하리라. 내가 너에게 안식을 주노라.' 성도 여러분, 이건 추상적인 진리가 아닙니다. 심리적인 것이 아니라, 사건입니다. 믿는 자에게 말씀이 말씀되고 사건으로 임하는 하나님의 은총입니다. 그리고 이건 복음입니다.

이제 생각해보십시오. 여러분은 안식을 믿고, 깨닫고, 체험하며 오늘을 살아가십니까? 이것이 중요합니다. 이 안식은 천국 백성에게만 허락된 약속입니다. 이 안식은 하나님께로부터 오는 것입니다. 하나님께 속한 것입니다. 아무리 열심히 노력하고 성공해도 이 안식을 누리지 못합니다. 이것은 예수 그리스도 안에서 믿음으로 받습니다. 하나님의 선물입니다. 그래서 예수님께서 말씀하십니다. 이 일을 위해서 이 땅에 오셨기에 말씀하십니다. "다 내게로 오라 내가 너희를 쉬게 하리라." 이 말씀을 믿으므로, 이 말씀이 우리의 삶에서 체험됩니다.

더위와 관련된 이런 유머가 있습니다. 산신령이 나타나서 어떤 사람에게 물었습니다. "이 더위가 네 것이냐?" "아닙니다. 이것은 제 것이 아니라, 여름의 땡볕입니다." "알았다. 그럼 이 습기가 네 것이냐?" "아닙니다. 이것은 태평양의 습기입니다." "그럼 이 미세먼지가 네 것이냐?" "아닙니다. 이것은 중국 것입니다." 마침내 산신령이 칭찬을 합니다. "어허, 참으로 정직한 한국인이로구나. 이 세 가지 다 가져라." 그래서 요즘 우리나라의 날씨가 이렇다고 합니다.

자연의 신비와 섭리가 다 하나님의 주권적 역사 아래 있습니다. 인간의 힘으로 될 수 있는 문제가 아닙니다. 성도 여러분, 참된 안식은 하나님께 있습니다. 하나님께서 주셔야 받을 수 있습니다. 이것을 분명히 알고 살아가야 합니다.

이 안식, 예수님께서 말씀으로만 하신 것이 아닙니다. 대가를 치르셨습니다. 세상에서도 행복과 평안에 대해서는 비싼 대가가 지불되어야 하는 것처럼 예수님께서도 대가를 지불하셨습니다. 그것이 십자가입니다. 십자가의 피 흘림으로 약속하셨습니다. '내가 대가를 치르니 다 내게로 오라. 세상에 없는 참된 안식

예수께서 전파하신 천국의 비밀

을 네게 주노라.' 그 가치를 분명히 알고 살아가야 합니다.

이 귀한 안식을 어떻게 해야 내 것으로 만들며, 내가 누리며 오늘을 살아갈 수 있겠습니까? 먼저는 십자가부터 출발해야 합니다. 십자가에서 대가를 치르셨기에 그 십자가 안에서 십자가의 도를 깨달음으로 죄를 회개해야 합니다. 그리고 사죄의 은총에 대한 확신이 있을 때 내 마음에 자유와 평강이 있습니다. 이것이 안식의 시작입니다. 그래서 그 만복을 우리는 찬송하고 기뻐하는 것 아니겠습니까?

그리고 더욱더 깊은 안식의 세계로 가는 것은 주께서 주신 천국 복음, 그 천국을 깊이 묵상하고 갈망할 때에 성령의 역사로 주어지는 선물입니다. 결코 저절로 되지 않습니다. 경건의 지식, 경건의 훈련이 필요합니다. 그래서 예수님께서 말씀하십니다. "내게 배우라 그리하면 너희 마음이 쉼을 얻으리니"(29절). 예수님께 배워야 합니다. 예수님은 그 마음속이 항상 천국 진리에 대한 비밀로 가득 차 계셨습니다. 이 안식은 천국의 안식입니다. 그 안식을 맛보아야 오늘 삶의 회복이 있습니다. 영원한 안식을 깨닫고 맛보아야 오늘의 안식을 회복할 수 있습니다. 그래서 예수님께서 말씀하십니다. "내게 배우라 그리하면 너희 마음이 쉼을 얻으리니."

성도 여러분, 이 말씀이 구체적으로 나타나는 곳이 '에덴낙원'입니다. 천국의 영광, 천국의 약속을 생각하는 곳, 천국의 안식을 갈망하므로 오늘의 안식이 회복되는 곳, 그곳이 꼭 필요하다고 생각합니다. 그 사명을 내게 주시어 그 일이 지금 일어나고 있습니다. 다른 방법으로는 어림도 없습니다.

더 나아가 그 안식은 하나님과 동행하며, 하나님께 순종할 때 성령께서 주십니다. 불순종하고 하나님의 뜻에 순종하지 않는데, 그 안식이 나타날 수 있겠습니까? 그러니 또다시 세상의 영광과 성공을 통해서 안식을 얻고자 합니다. 이 방식을 버려야 합니다. 그래서 예수님께서 말씀하십니다. '수고하고 무거운 짐 진 자들아. 이 세상에서 그렇게 안식 없는 삶을 살지 말아라. 다 내게로 오라. 내가 너희를 쉬게 하리라.'

아프리카의 한 부족은 누군가 몸이 아프고 극심한 스트레스속에 있고, 또 의기소침한 상태에 있을 때 그에게 꼭 네 가지를 물어본답니다. 아주 지혜 있는 질문입니다.

첫째, 마지막으로 노래한 것이 언제인가? 둘째, 마지막으로 춤춘 것이 언제인가? 셋째, 마지막으로 자신의 이야기를 한 것이 언제인가? 넷째, 마지막으로 고요히 앉아 있었던 것이 언제인가?

성도 여러분, 하나님 앞에서 진실하게 대답해보십시오. 정말 예수 그리스도 안에서 약속된 이 하나님의 안식을 체험한 적이 언제입니까? 이 안식이 없으면 삶이 망가집니다. 다시 바쁘고 지치는 스트레스의 삶을 살아갈 수밖에 없고, 회복이 안 됩니다. 언제 하나님의 안식을, 이 천국의 안식을 누리셨습니까? 이것은 그리스도인의 특권입니다. 천국 백성에게 주신 특권입니다. 오직 믿음으로 이 말씀이 내게 사건이 되어 이 안식을 누리고 증거하며 우리는 살아가도록 하나님의 은총을 받은 사람들입니다.

인간의 탐심과 욕망이라는 것이 바로 여기에 있습니다. 하나님 안에서의 안식보다 이 세상에서의 안식을 더 기뻐합니다. 이 세상 속에 안식이 있고, 행복이 있고, 평안이 있고, 쉼이 있다고 믿습니다. 그런데 역사 안에서 그것을 누리며 살아간 사람이 누구입니까? 한 명도 없습니다. 그런데도 사람들은 계속 어리석음을 반복합니다, 나는 행복하고, 평안하게 살 것으로 생각합니다. 어림도 없는 소리입니다. 이 잘못된 사고방식을 버려야 합니다. 천국 복음을 믿을 때 비로소 회개하고 버릴 수 있습니다.

세상 속에는 분명히 즐거움도 있고 안식도 있습니다. 그런데 그것은 참 안식이 아닙니다. 결국은 금방 없어집니다. 하나님께서는 그 세상 속의 안식을 통해서 영원한 안식을 향한 여정의 삶을 살도록 계획하셨습니다. 그럼에도 불구하고 불신앙의 사람들은 순간순간 맛보는 기쁨과 안식과 평안, 행복을 좇아갑니다. 한마디로 세상 자체를 천국으로 믿고 살아갑니다. 이렇게 어리석은 인생이 어디 있습니까? 이 세상에서 안식을 누리고자 합니다. 참으로 벌레 같은 비참한 인생입니다. 속고 사는 인생입니다.

그리스도인은 그것을 비로소 깨닫습니다. 말씀으로 깨닫고, 천국 진리로 깨닫습니다. 천국 백성은 오직 복음 안에서 천국의 안식을 깨닫고 누리며 오늘을 살아갑니다. 오직 하나님의 은혜와 사랑 안에서만 체험되고, 깨닫고, 지속할 수 있습니다. 이제 그 사람은 세상을 향하여 알려야 합니다. 안식 없는 인생을 살아가며 잘못된 사고방식으로 헛된 시간과 인생을 허비하는 두려움과 절망 속에 살아가는 세상을 향하여 이 안식을 증거해야 합니다. 주께서 말씀하십니다. 왕이신 예수님의 선포요, 초대요, 약속입니다. "수고하고 무거운 짐 진 자들아 다 내게로 오라 내가 너희를 쉬게 하리라."

기도

전지전능하신 하나님 아버지, 안식 없는 세상 속에서 평안과 행복을 추구하며 우리의 힘과 노력으로 이것을 얻고자 헛된 꿈을 꾸며 살아가는 미천한 자를 복음 안에서 회개하게 하시고, 깨우치게 하시사 천국의 비밀을 알며, 천국의 안식을 오늘 맛보고 누리고 갈망하며 살게 해주심을 진심으로 감사드립니다. 참 안식이 하나님께 있고, 하나님 밖에서는 그 안식을 어느 누구도 누릴 수 없다는 주의 말씀 그대로 이 역사가 진행됨을 알고, 헛된 인생을 살아가는, 헛된 안식을 구하는 세상을 향하여 참 안식이 하나님께 있고, 천국에 있음을 증거하며, 하나님께 영광 돌리는 권세 있는 삶을 살아갈 수 있도록 우리와 함께하여주시옵소서. 우리 주 예수 그리스도의 이름으로 간절히 기도드리옵나이다. 아멘.

예수께서 전파하신 천국의 비밀

예수께서 전파하신 천국의 비밀

예수께서 전파하신 천국의 비밀